Von wegen alt und verstaubt

Britta Taddiken

Von wegen alt und verstaubt

Frisch gepredigt in der Kirche
Johann Sebastian Bachs

Herausgegeben von Stephan Bickhardt
und mit einem Vorwort versehen
von Christian Wolff

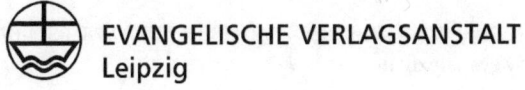

EVANGELISCHE VERLAGSANSTALT
Leipzig

Evangelische Akademie Sachsen, vertreten durch Akademiedirektor und Domprediger Stephan Bickhardt

EVANGELISCHE AKADEMIE SACHSEN

Bibliographische Information der Deutschen Nationalbibliothek
Die Deutsche Nationalbibliothek verzeichnet diese Publikation in der Deutschen Nationalbibliographie; detaillierte bibliographische Daten sind im Internet über http://dnb.dnb.de abrufbar.

© 2025 by Evangelische Verlagsanstalt GmbH · Blumenstr. 76 · 04155 Leipzig

Printed in Germany

Der Verlag behält sich die Verwertung des urheberrechtlich geschützten Inhalts dieses Werkes für Zwecke des Text- und Data-Minings nach § 44 b UrhG ausdrücklich vor. Jegliche unbefugte Nutzung ist hiermit ausgeschlossen.

Das Buch wurde auf alterungsbeständigem Papier gedruckt.

Bei Fragen zur Produktsicherheit wenden Sie sich bitte an info@eva-leipzig.de.

Cover: Mario Moths, Marl
Coverbild: © Stefan Baumgarth
Layout und Satz: Steffi Glauche, Leipzig
Druck und Binden: BELTZ Grafische Betriebe GmbH, Bad Langensalza

ISBN Print 978-3-374-07825-7 // eISBN (PDF) 978-3-374-07826-4
www.eva-leipzig.de

Vorwort

In der Thomaskirche Leipzig wird nicht nur die reiche Musiktradition der THOMANA, insbesondere das musikalische Erbe des größten Thomaskantors Johann Sebastian Bach gepflegt. In der Thomaskirche wird auch jeden Sonn- und Feiertag der Gottesdienst in der lutherischen Liturgie gefeiert, immer ausgerichtet auf den Inhalt des jeweiligen Sonn- und Feiertags. Manchem mag das zunächst »als alt und verstaubt« vorkommen. Aber das Besondere und Herausfordernde ist: Die Musik in der Thomaskirche wird wesentlich gestaltet von Kindern und Jugendlichen. Die Menschen, die in den Kirchenbänken sitzen, leben im Heute. Etliche unter ihnen haben oft wenig Bezug zur Kirche oder zum christlichen Glauben. Aber alle, die da sind, haben Erwartungen. Sie haben unter vielen Möglichkeiten eine bewusste Entscheidung getroffen: die Motette oder den Gottesdienst in der Thomaskirche zu besuchen.

So stellt sich als Aufgabe für die Predigt oder die Motettenansprache: vor dem Hintergrund der Musik und eingebettet in die Liturgie einen wesentlichen Glaubensinhalt so zur Sprache zu bringen, dass ein Nichtchrist dies zumindest nachvollziehen kann und die Thomaskirche erfüllt und mit Gewinn verlässt. Die langjährige Pfarrerin an der Thomaskirche Britta Taddiken ist in ihrer Wirkungszeit dieser Herausforderung mehr als gerecht geworden. Sie hat die reiche Musik- und Glaubenstradition der Thomaskirche mit der Lebenswirklichkeit der Menschen durch eine packende Sprache und lebendige Stimme verbinden können. Jeder und jede konnte ihr abspüren, wofür sie brennt. Dadurch werden die eigenen Gedanken nicht nur erhellt. Viele Menschen wurden durch ihre Verkündigung auf der Thomaskanzel aufgerichtet, getröstet, ermutigt. Dabei kam und kommt der begnadeten Predigerin Britta Taddiken zugute, dass sie sich souverän im liturgischen Umfeld bewegen kann und selbst über ein tiefes Verstehen der Musik sowie eine gesellschaftspolitische Kompetenz und Wachheit verfügt.

Kein Wunder, dass Britta Taddiken als Predigerin in Leipzig sehr vermisst wird. Umso wertvoller, dass nun ihre Predigten, gehalten zwischen 2011 und 2024 und geordnet nach dem Kirchenjahr, nachzulesen sind. Sie sind alles andere »als alt und verstaubt«. Sie zeugen von Geistesgegenwart, theologischer Fundierung und höchster Aktualität.

Christian Wolff
Pfarrer an der Thomaskirche 1992–2014

Inhalt

Auf dem Esel Platz nehmen.................... 11
Predigt über Matthäus 21,1-11,
1. Adventssonntag, 30. November 2014

Gott lockt uns................................. 19
Predigt über Hoheslied 2,8-13,
2. Adventssonntag, 4. Dezember 2022

Begradigt euch selbst!........................ 25
Predigt über Lukas 3,1-14,
3. Adventssonntag, 11. Dezember 2016

Von den Lehrmeistern der Hoffnung............. 33
Predigt über Jesaja 52,7-10,
4. Adventssonntag, 22. Dezember 2013

Das gute Licht wird siegen.................... 40
Ansprache über Lukas 2,1-20,
Heiligabend 2023

Fürchtet euch nicht, schon gar nicht voreinander. 48
Predigt über Lukas 2,15-20 und Kantate 1 aus dem
Weihnachtsoratorium (BWV 248),
1. Weihnachtsfeiertag 2014

Wie wir zu Kindern Gottes werden. 55
Predigt über 1. Johannes 3,1-6,
1. Weihnachtsfeiertag 2017

Den Grundton finden wollen. 65
Ansprache zur Motette am 31. Dezember 2023

Dem inneren Herodes widerstehen. 71
Antrittspredigt über Johannes 1,15-18,
Epiphanias, 6. Januar 2011

Das Kind legt das Gold in uns frei. 80
Abschiedspredigt über 1. Könige 10,1-13
und Bachkantate »Sie werden aus Saba alle kommen«
(BWV 65), Epiphanias, 6. Januar 2024

Gott packt nicht in Watte. 93
Predigt über Hebräer 4,12-13, Sexagesimä,
31. Januar 2016

Das gute Teil erwählen. 102
Predigt über Lukas 10,38-42, Estomihi,
3. März 2019

**Raus aus der Opferrolle –
Abschied vom Anspruchsdenken**.................. 110
Predigt über Hiob 2,1-13, Invokavit,
26. Februar 2023

Vom Gaffen zur Umkehr....................... 118
Predigt über Lukas 23,32-49, Karfreitag,
15. April 2022

Vom österlichen Korrektiv unseres Denkens....... 126
Predigt über Matthäus 28,1-10 und
Bachkantate »Christ lag in Todesbanden« (BWV 4),
Ostersonntag, 16. April 2017

Immer mit der Ruhe: Schöpfung ist immer!....... 138
Predigt über 1. Mose 1,1-4.26-28.31a
und 1. Mose 2,1-4, Jubilate, 8. Mai 2022

Reinwachsen in die Kleider des Glaubens......... 145
Ansprache über Kolosser 3,12-17,
Konfirmation, 7. Mai 2023

Es betet in uns............................... 152
Predigt über Johannes 16,23b-28.33,
Rogate, 26. Mai 2019

Himmelfahrt: Ab jetzt schon ewig leben!......... 159
Predigt über Lukas 24,44-53, Himmelfahrt 2015

Pfingsten sind die Geschenke am größten......... 167
Predigt über 1. Korinther 2,12-16,
Pfingstsonntag, 28. Mai 2023

Von den Ingenieuren der Liebe.................. 175
Predigt über Lukas 16,19-31 und
Bachkantate »O Ewigkeit, du Donnerwort«
(BWV 20), 1. Sonntag nach Trinitatis, 23. Juni 2019

Gelassene Unruhe.......................... 188
Predigt über Lukas 12,15-21, Erntedank,
1. Oktober 2023

Unser Platz ist auf den Dächern................ 196
Predigt über Matthäus 10,26b-33,
Reformationstag, 31. Oktober 2017

Wir müssen uns auch düngen lassen 208
Predigt über Lukas 13,1-9, Buß- und Bettag,
18. November 2015

Zur Autorin................................ 217

Auf dem Esel Platz nehmen

Predigt über Matthäus 21,1–11, 1. Adventssonntag,
30. November 2014

Als sie nun in die Nähe von Jerusalem kamen, nach Betfage an den Ölberg, sandte Jesus zwei Jünger voraus und sprach zu ihnen: Geht hin in das Dorf, das vor euch liegt. Und sogleich werdet ihr eine Eselin angebunden finden und ein Füllen bei ihr; bindet sie los und führt sie zu mir! Und wenn euch jemand etwas sagen wird, so sprecht: Der Herr bedarf ihrer. Sogleich wird er sie euch überlassen. Das geschah aber, auf dass erfüllt würde, was gesagt ist durch den Propheten, der da spricht: »Sagt der Tochter Zion: Siehe, dein König kommt zu dir sanftmütig und reitet auf einem Esel und auf einem Füllen, dem Jungen eines Lasttiers.« Die Jünger gingen hin und taten, wie ihnen Jesus befohlen hatte, und brachten die Eselin und das Füllen und legten ihre Kleider darauf, und er setzte sich darauf. Aber eine sehr große Menge breitete ihre Kleider auf den Weg; andere hieben Zweige von den Bäumen und streuten sie auf den Weg. Das Volk aber, das ihm voranging und nachfolgte, schrie und sprach: Hosianna dem Sohn Davids! Gelobt sei, der da kommt in dem Namen des Herrn! Hosianna in der Höhe! Und als er in Jerusalem einzog, erregte sich die ganze Stadt und sprach: Wer ist der? Das Volk aber sprach: Das ist der Prophet Jesus aus Nazareth in Galiläa.

Liebe Gemeinde,

wir sollten genau hingucken auf das, was im Moment in Dresden seit Ende Oktober ausgerechnet montags passiert: auf die Demonstrationen – oder sollte man angesichts von Dunkelheit, zu Fackeln umfunktionierter Mobiltelefone und bewusst gewählter Kulisse lieber sagen »Aufmärsche«, die eine Gruppierung namens »Pegida« organisiert: »Patriotische Europäer gegen die Islamisierung des Abendlandes«. Die wenigsten von denen, die dahinterstehen, dürften allerdings über profunde Kenntnisse in Sachen Islam verfügen oder eine Ahnung davon haben, inwiefern gerade die jüdisch-christliche Tradition das Abendland geprägt hat, in der das Gastrecht heilig und unbedingt geboten ist. Wenn auf diesen Veranstaltungen, zu denen mittlerweile 5500 Menschen kommen, das Thema Asyl in Deutschland zur Sprache kommt, bleibt als Tenor übrig: Weg mit dem Grundrecht auf Asyl. In der Menge geht man über manche Grenzen, das Gefühl der Stärke senkt die Hemmschwelle für das, was aus den schmuddeligen Abgründen des Menschen immer wieder auftaucht und von manchen gern als »Wille des Volkes« tituliert wird. »Wir lieben unsere Nation und sind gegen Sozialismus, also sind wir keine Nazis.«

Solche platten Parolen lösen dort Applausstürme aus. Wenn es in dem Ganzen eine einfache Wahrheit gibt, dann die: Von genau solchem Geist ist endgültig einiges in der Mitte unserer Gesellschaft angekommen. Ein Geist, der sich in menschenverachtender Weise gezielt diffuser Ängste bedient. Hochgeputscht noch vom Klischee der massenhaft straffälligen Asylbewerber, für die man eine spezielle Einheit der Polizei gründen müsse. Wer das im Vorfeld eines solchen Auflaufs sagt, zündelt. Wie man sich als Innenminister so verrennen kann, macht mir, ehrlich gesagt, Angst und Bange um unsere Gesellschaft. Wo mit Verweis auf Ängste von Menschen Stimmungsmache gegen Menschen in Not als gerechtfertigt angesehen wird, greift ein Geist um sich, dessen Anfängen zu wehren ist, ein Geist, der sich alles aneignet, selbst den Ruf: »Wir sind das Volk.« Der Ruf, der einst Mauern eingerissen hat, dient jetzt dazu, Mauern gegen Menschen zu errichten, gegen Menschlichkeit und gegen Errungenschaften, auf die man in einer Demokratie stolz und für die man dankbar sein sollte. Wie beschämend ist ein Schild am Ortseingang von Bad Schandau, auf dem zu lesen ist: »Bitte flüchten Sie weiter, es gibt hier nichts zu wohnen!«

Liebe Gemeinde, das ist ein Thema in dieser Adventszeit für uns als Kirche, als Christen, eine Form von Brutalität und Menschenverachtung, die für weite Kreise offensichtlich salonfähig ist. Auf dem Weg nach Bethlehem und zur Krippe ist das Thema, nicht nur was den Umgang mit Flüchtenden, Vertriebenen und nach dem Willen ihrer Mächtigen von Ort zu Ort Geschobenen betrifft, sondern auch, was die Frage angeht nach dem Geist des Menschlichen, die Frage nach der Menschwerdung Gottes und der Menschwerdung des Menschen: Wie werden und bleiben wir menschlich? An der Frage, in die die Weihnachtsgeschichte mündet: Wo ist Platz für die Geplagten und Entrechteten und für den, der auf ihrer Seite steht – daran entscheidet sich, wie unsere Welt und Gesellschaft in Frieden leben können. Wir sollten es nicht allein dem Papst überlassen, zu kritisieren, was hinter dieser Haltung steht: einen »kranken« Geist, der den Menschen zur Nebensache degradiert und ihn als Belastung sieht, wo er nicht funktioniert oder systemkonform ist. So stehen wir im Advent in besonderer Weise vor der Frage, in welchem Geist wir leben wollen und wo wir umkehren, umsteuern müssen.

So kommt sie heute gerade recht, die Geschichte vom Einzug Jesu in Jerusalem. Von dem, der seine Herrschaft im Geist der Sanftmut aufrichtet und diesen Geist zu uns Menschen bringt. Das beginnt mit den äußeren Zeichen. Mit dem Esel, dem Lasttier der kleinen Menschen. Palmzweige dienen als Feststrauß, Kleider als roter Teppich. Wenig repräsentativ ist er, dieser König. Aber er tritt doch ganz klar mit dem Anspruch auf, der zu sein, von dem die Schriften sprechen, der, durch den diese Welt heil werden kann. Und das beginnt bei jedem und jeder Einzelnen: Siehe, dein König kommt zu *dir*. Nicht nur Jerusalem oder eine Stadt ist gemeint, sondern jeder Einzelne ist Ziel seines Weges, der nun bald zum Ende kommt. Der Evangelist Matthäus hat diesen Weg von Anfang an geschildert, mit dem langen Stammbaum des Davidsohns, diesen langen, beschwerlichen Weg durch die Menschheitsgeschichte bis zu diesem Moment. Die, die eine heilsame Begegnung mit ihm hatten, folgen ihm nach, wie die beiden Blinden von Jericho, denen er gerade zu einem neuen Durchblick für ihr Leben verholfen hat. Auf der anderen Seite aber wird deutlich, was mit dem Kommen dieses Königs auch einhergeht, nämlich keineswegs nur Hosianna und Durchblick. Sondern eine Erschütterung geht durch die Stadt, ein Erdbeben. »Die ganze Stadt erregte sich«, heißt es, und hier steht im ursprünglichen griechischen Text das gleiche Wort wie bei der Kreuzigung, wo die Erde bebt, die Gräber sich leeren und der Kampf zwischen Tod und Leben entbrennt. Schon hier also ist deutlich, der Gott des Lebens trifft auf die Macht des Todes. Er polarisiert, dieser sanftmütige König. Manche ahnen, dass er ihnen auf die Schliche kommen und die Tische umwerfen wird, an denen sie ihre Geschäfte machen und sich damit anmaßen zu entscheiden, wer denn Zugang bekommt zum Heiligtum und wer nicht. Sanft ist also nicht nett. Ganz und gar nicht. Sanft zu sein, hat damit zu tun, parteiisch zu sein, und so wendet er sich ihnen gleich wieder als Erstes zu: den Lahmen, die er im Tempel heilt und den Kindern, die ihn dort als Einzige auch weiterhin bekennen: »Hosianna, dem Sohne Davids«. Hosianna – Hilf doch. Die Kinder benennen es, worum es geht in der Begegnung mit diesem sanftmütigen König. Zu begreifen: Was anderes können wir schon tun, als uns von ihm helfen zu lassen und aufrichten zu einem aufrechten Gang? Der einem in den Ohren liegt, wenn man hart wird, anfängt, andere kleiner als sich zu machen, ihnen als Recht abzustreiten, was ich für mich als selbstverständlich beanspruche? Sie abzuwerten als Eindringlinge in das, was man als eigenen Hoheitsbereich betrachtet? Nein, es ist schon nicht einfach mit diesem König, der einen mit seiner ihm eigenen Art, König zu sein, herausfordert. Und hier wird schon deutlich, was das für eine Zerreißprobe ist etwa für einen Judas, der sich eher einen König der Marke »Kämpfer und starker Mann« erhofft oder für Petrus, der den Gedanken, mit diesem König solidarisch mitzuleiden, nicht aushält und sich wie die anderen Jünger in den Schlaf flüchten wird, als Jesus am Abend vor seinem Tod zittert und zagt und dem Ringen der Kräfte von Leben und Tod bereits ausgesetzt ist. Aber anders wird das Leben, wird die Menschlichkeit nicht zur Welt kommen, als das auszuhalten und dabei zu wissen, auf wessen Seite man steht.

So beginnt der Advent mit dem Erbeben einer Stadt, einer Gesellschaft über das, was dieser König in seiner Sanftmut aufzeigt. Den langen, mitunter mühsamen und unbequemen Weg zu einem friedlichen Miteinander, auch und gerade der vielen Verschiedenen. Heute vor genau 25 Jahren wurde die letzte Selbstschussanlage an der innerdeutschen Grenze abgebaut. Eine Folge der friedlich und mit und durch Sanftmut errungenen Wende. Das Leben hat gesiegt, auf einem langen wirren Weg. Er hat gesiegt, der Geist der Menschlichkeit gegen den, der den Tod bringt und die Freiheit, zu kommen oder zu gehen, bestreitet und sie den eigenen Ansichten darüber unterordnet, wer wie und wo leben darf. Was für ein Irrsinn, anzunehmen, mit solchen Mitteln zum Frieden beizutragen, durch Morden und Gewalt und dem Vorenthalten der einfachsten menschlichen Grundrechte. Daran sollten wir uns erinnern und natürlich wahrnehmen, dass es immer noch geschieht, nicht nur wie derzeit montags in Dresden, sondern weltweit. Daher versucht die heute beginnende 56. Aktion von »Brot für die Welt« dem Tod das Leben entgegenzusetzen und Menschen Hoffnung auf eine selbstbestimmte Existenz zurückzugeben: Ein Zeichen für den Geist, der einziehen soll bei uns, den dieser König mitbringt. Ein Zeichen! Aber mit Zeichen kann etwas anfangen und sich ausbreiten. Und so haben wir in der Gemeinde mit einigen angefangen zu überlegen, wie wir es denn vielleicht ganz konkret hinbekommen können in gemeinsamer Arbeit mit der Stadt Leipzig, vielleicht ein, zwei Familien aus Syrien über den Winter zu bringen und sie zu unterstützen, wo andernorts noch über DIN-Normen für Einrichtungen gesprochen wird oder eine mögliche Unterbringung an irgendwelchen formalen Schwierigkeiten scheitert. Wer uns beim Nachdenken und Handeln unterstützen will, spreche uns bitte gerne an.

Denn das ist ja auch noch einmal ein Punkt, auf den es in dieser Geschichte ankommt und der wichtig ist: sich von dem, der da kommt, bewegen zu lassen. Bewegen dazu, seine Ankunft und den Geist, in dem er spricht und denkt, vorzubereiten und ihm zum Einzug in unsere Stadt und unsere Gesellschaft zu verhelfen – und sei es, wenn man wie die beiden Jünger den Esel dazu ausleiht, losbindet und herbringt und darauf vertraut: Dieser Geist der Sanftmut wird sich als durchsetzungsfähig erweisen gegen alles, was den Tod bringt. Dazu gehört all das, was Jesus schon als ungeborenes Kind und dann später in Jerusalem erfahren hat: Ablehnung, Brutalität, Demütigung – durch eine enthemmte Menge, die sich ihrem Geifer hingibt und in Windeseile vom Hosianna zum Kreuzige umschwenkt.

Lassen wir uns also bewegen wie die Jünger, die den Esel holen. Oder die beiden Esel? Darüber, dass Matthäus von *zwei* Eseln erzählt, ist viel nachgedacht worden. Wäre es nicht interessant, dem Gedanken nachzugehen, dass es sich hier um einen König handelt, der einen Platz neben sich frei lässt? Wer wird auf dem anderen Esel Platz nehmen, wer wird mit ihm reiten? Wer hat den Mut, mit ihm zu gehen und dem allgegenwärtigen Kreuzige-Geschrei wieder das Hosianna entgegenzusetzen? Ist es vielleicht unsere Aufgabe, uns auf dem zweiten Esel niederzulassen, mitzureiten in die Stadt der disparaten Menge und die Prinzipien der Sanftmut mitzuleben – und sich nicht entmutigen zu lassen von dem Gegenwind, den man auf diesem Ritt erleben kann. Und auch, den Zwiespalt auszuhalten, dass es nicht auf alles einfache Antworten gibt, man immer wieder ringen muss um die richtige Lösung und das auch mit sich selbst. In demselben Geist unterwegs zu sein wie der, dem wir zu folgen versuchen und dem wir zurufen: Hosianna: Hilf doch, du Sohn Davids – das heißt, in adventlichem Geist zu leben.

Gott lockt uns

Predigt über Hoheslied 2,8–13, 2. Adventssonntag,
4. Dezember 2022

Da ist die Stimme meines Freundes! Siehe, er kommt und hüpft über die Berge und springt über die Hügel. Mein Freund gleicht einer Gazelle oder einem jungen Hirsch. Siehe, er steht hinter unsrer Wand und sieht durchs Fenster und blickt durchs Gitter. Mein Freund antwortet und spricht zu mir: Steh auf, meine Freundin, meine Schöne, und komm her! Denn siehe, der Winter ist vergangen, der Regen ist vorbei und dahin. Die Blumen sind hervorgekommen im Lande, der Lenz ist herbeigekommen, und die Turteltaube lässt sich hören in unserm Lande. Der Feigenbaum lässt Früchte reifen, und die Weinstöcke blühen und duften. Steh auf, meine Freundin, und komm, meine Schöne, komm her!

Ist das nicht wunderbar, liebe Gemeinde? So ein großartiges Liebeslied! Der Freund und die Freundin, sie begehren einander, sie haben Verlangen nacheinander. Herzklopfen auf den Moment hin, wo sie sich endlich in den Armen liegen, nur auf diesen Moment geht es zu: Komm her, meine Schöne, komm her, mein Schöner. Es ist ein Liebeslied, dieses Hohelied in der Bibel. Nichts anderes. Und wie man es dreht und wendet: Gott kommt nicht vor. Jedenfalls nicht direkt. Aber es ist wohl deshalb in die Bibel geschlüpft dieses Lied, weil man sagte: Ja, so ist es doch zwischen Gott und seinem Volk, zwischen Christus und der Kirche, zwischen Jesus und meiner Seele, meinem Innersten. So voller Kraft und Dynamik und so innig kann, soll sie doch sein, meine Beziehung zu Gott, zu Jesus. So wünsche ich sie mir, dass ich die Luft anhalte und mir das Herz klopft, wenn ich nur daran denke, wie Gott mich begehrt und liebt.

Wir reden ja gern sehr trocken und abstrakt von »der« Liebe Gottes. Hier trifft sie uns bis ins Innerste. Und so passt dieser Text wunderbar in die Adventszeit, auch wenn hier vom Frühling die Rede ist und draußen Schnee liegt und wir uns eigentlich besinnlich in die behagliche Stube zurückziehen wollen. Und Ruhe suchen, nur einfach mal Ruhe und Abstand von dieser aus den Fugen geratenen Welt, von unserer Hilf- und Ratlosigkeit, unserer inneren Unruhe und auch so mancher Resignation. Und Kind sein dürfen wenigstens für ein paar Stunden, abtauchen in die Erinnerungen, die Düfte, die Geschichten. Nun aber das! So geht es zu wie in diesem Text, so geht Advent auch, so soll es sein, wenn Gott kommt, es spricht uns an als erwachsene Menschen, als Liebende. Und eins, das ist hier ganz anders als bei vielen adventlichen Liedern und Texten, wo Gott in unsere Welt kommt, in unsere Stadt, in unser Herz hinein: Hier kommt er nicht herein. Er bleibt draußen hinter der Wand unseres Hauses stehen und ruft uns heraus: »Komm raus, meine Schöne, komm raus, mein Schöner.« Verpasse nicht, was in deinem Leben möglich ist. Verpasse nicht, was neu möglich ist. Raus aus deinem Haus mit den vergitterten Fenstern. Es liegt nahe, woran hier gedacht ist. Ein Raum mit Gittern, der uns festhält. Die Gefängnisse mit den dicksten Mauern sind meistens die, in die wir uns selbst hineinmanövriert haben und aus denen wir nicht mehr herausfinden. Aus denen wir nur noch wie durch Gitter auf diese Welt schauen, nur mit einem kleinen Ausschnitt, den wir wahrnehmen. In die wir uns hineinmanövriert haben mit unseren Vorstellungen, wie unser Leben aussehen müsste, damit es perfekt ist, und dumpf ahnen, dass uns das gar nicht ausfüllt, dass es uns nicht froh sein lässt, dass es uns beschwert und einengt.

Ja, und manchmal steckt uns das Leben selbst in ein Gefängnis durch eine Krankheit, den Verlust eines lieben Menschen. Oder die Angst vor der Zukunft bedrängt mich so sehr, dass ich panisch reagiere und mich selbst immer tiefer in dieses Gefängnis begebe, immer kleiner und enger wird das Fenster. Und umso schwerer wird es, überhaupt *herauszuwollen*, sich überzeugen zu lassen: Es kann alles anders werden in deinem Leben. Oder besser: Du kannst es anders erleben. Komm raus, denn du kannst von drinnen gar nicht richtig erkennen, dass der Regen aufgehört hat, vor dem du Schutz suchst. Die Feigen reifen schon wieder und der Weinstock duftet.

»Siehe, mein Freund steht schon hinter der Wand und sieht durchs Fenster und blickt durchs Gitter.« Können wir das glauben, liebe Gemeinde? Dass Gott da schon steht und noch mehr, dass er angesprungen kommt wie ein Liebender, weil er uns da rauslocken will aus den Mauern, die es dunkel machen und eng? Es geht um diesen einen Moment im Advent: dieser Liebe nachzugeben. Sich in sie hineinzuwerfen. Im Vertrauen darauf, alles andere wird dann auch noch werden. Aber jetzt, in diesem Moment, da geht es um das Ganze, um das Eigentliche, um das, was meine Welt zusammenhält, dass Gott und ich zusammenfinden. Um diesen einen Moment geht es, der alles verändern kann. Unsere Mütter und Väter im Glauben, die in der Kraft dieses Liebesliedes Gott an uns haben walten sehen, haben dem Freund und der Freundin Namen gegeben, und zwar aus der Geschichte Israels: Salomo und Sulamith. In beiden Namen steckt die gleiche Wurzel, das hebräische Schalom. Das heißt eigentlich, etwas wird ganz, etwas wird vollständig und davon abgeleitet meint es dann auch Frieden. Und so mögen die Namen auf das hinweisen, was hier geschieht: Hier kommt zusammen, was den Menschen erst ganz und vollständig macht: dass Gott in uns die Schöne sieht, den Schönen. Und wir ihm das glauben und unser Leben in dieses Licht rücken lassen. Es ist dasselbe Licht, das die Krippe erstrahlen lässt. Es ist dasselbe Licht des Morgensterns, der wie wir es gesungen haben, auch unsere Angst und Pein bescheint. Es ist das Licht, bei dem die Nacht schon im Schwinden ist. Es scheint schon herein durch die vergitterten Fenster, jetzt schon. Es lockt uns auf die Straße, es hilft uns, unsere Ängste zu überwinden.

Und so ist es auch etwas Adventliches, was sich da im Iran abspielt, wo das Verlangen nach dem Ende des Winters und des Regens und des neuen Frühlings stärker wird, immer stärker und sich über die Angst legt. Und wo die Menschen heraus kommen aus dem Haus, in das man sie lange gesperrt hat und sie das mitgemacht haben aus lauter Angst.

Und es ist auch eine Art von Advent, die einige Menschen in China erleben in diesen Wochen. Sich in diesen Moment hineinzuwerfen, hineinzuwagen, der alles verändern kann. Der chinesische Schriftsteller Liao Yiwu hat das in einem Artikel so beschrieben, und es kommt unserem Hohenlied am Ende schon nahe, wenn er sagt, was die Menschen aus den abgeriegelten Häusern auf die Straßen treibt. Er schildert es für Shanghai: »Es ist die Trauer um die eigene Zukunft ... was, wenn ich selbst ende wie die Menschen in diesem Hochhaus in Urumqi? He, kommunistische Partei, habt ihr uns noch nicht genug gegängelt, mit der Arroganz eurer Macht riegelt ihr Städte und Häuser ab, Tage, Wochen und Monate ... Und wir haben es ertragen, uns brav in unsere Wohnungen zurückgezogen, haben uns auseinanderreißen lassen und wegsperren, in Zellen zusammenpferchen, hungernd, krepierend, wir haben es ertragen ... Warum nur, warum behandelt ihr uns so? Und dann gelingt es den Menschen in Shanghai, von allen Seiten die Polizeiblockaden zu durchbrechen und sich, jeder ein weißes Blatt Papier vor der Brust, auf der Urumqi-Straße zu versammeln, um ihrer bei dem Unglück getöteten Landsleuten zu gedenken. Lautstark machen diese Menschen, die keine Sklaven mehr sein wollen, ihrem Ärger Luft ... Und inmitten dieses Protests bringt einer einen Zettel an einem Schild auf der Urumqi-Straße an. Seine Botschaft lautet: Meine Freunde in Urumqi. Ich liebe euch. Ich liebe euch wie diese Straße. Ich liebe euch wie meine eigene Familie ... Die Polizeieinheiten rücken den Demonstranten auf den Leib und kesseln sie ein. Die Menschen beginnen zu weinen. Sie weinen nicht aus Angst; sie weinen nicht, weil sie gleich verhaftet und geschlagen werden. Sie weinen, weil sie diese Botschaft gelesen haben.« (Süddeutsche Zeitung, 30. November 2022, S. 11)

Ja, das vermag sie, die Stimme des Freundes, wenn wir sie hören. Wenn wir seine Liebe spüren gegen alle Macht der Finsternis. Seine Liebe macht sich Bahn in dieser Welt gegen allen Augenschein, so wie die Liebe zwischen Liebenden sich nicht aufhalten lässt. Sie kann alles ändern. Sie kann uns ändern. Er kommt, der uns so innig liebt, dass er über die Hügel springt, um uns endlich zu erreichen. Er ist auf dem Weg zu uns, er steht hinter der Wand und sagt uns, was wir Schöneres nicht hören können: »Steh auf, meine Freundin, mein Freund, und komm, meine Schöne, mein Schöner, komm her.«

Begradigt euch selbst!

Predigt über Lukas 3,1–14, 3. Adventssonntag,
11. Dezember 2016

Liebe Gemeinde,
der 3. Advent ist mit Johannes dem Täufer verbunden, wir haben im Evangelium schon von ihm gehört. Lukas berichtet von diesem herausfordernden Menschen wie folgt:

Im fünfzehnten Jahr der Herrschaft des Kaisers Tiberius, als Pontius Pilatus Statthalter in Judäa war und Herodes Landesfürst von Galiläa und sein Bruder Philippus Landesfürst von Ituräa und der Landschaft Trachonitis und Lysanias Landesfürst von Abilene, als Hannas und Kaiphas Hohepriester waren, da geschah das Wort Gottes zu Johannes, dem Sohn des Zacharias, in der Wüste. Und er kam in die ganze Gegend um den Jordan und predigte die Taufe der Buße zur Vergebung der Sünden, wie geschrieben steht im Buch der Worte des Propheten Jesaja (Jesaja 40,3-5): »Es ist eine Stimme eines Predigers in der Wüste: Bereitet den Weg des Herrn, macht seine Steige eben! Alle Täler sollen erhöht werden, und alle Berge und Hügel sollen erniedrigt werden; und was krumm ist, soll gerade werden, und was uneben ist, soll ebener Weg werden, und alles Fleisch wird das Heil Gottes sehen.« Da sprach Johannes zu der Menge, die hinausging, um sich von ihm taufen zu lassen: Ihr Otterngezücht, wer hat euch gewiss ge-

macht, dass ihr dem künftigen Zorn entrinnen werdet? Seht zu, bringt rechtschaffene Früchte der Buße; und nehmt euch nicht vor zu sagen: Wir haben Abraham zum Vater. Denn ich sage euch: Gott kann dem Abraham aus diesen Steinen Kinder erwecken. Es ist schon die Axt den Bäumen an die Wurzel gelegt; jeder Baum, der nicht gute Frucht bringt, wird abgehauen und ins Feuer geworfen.

Und die Menge fragte ihn und sprach: Was sollen wir nun tun? Er antwortete aber und sprach zu ihnen: Wer zwei Hemden hat, der gebe dem, der keines hat; und wer Speise hat, tue ebenso. Es kamen aber auch Zöllner, um sich taufen zu lassen, und sprachen zu ihm: Meister, was sollen denn wir tun? Er sprach zu ihnen: Fordert nicht mehr, als euch vorgeschrieben ist! Da fragten ihn auch Soldaten und sprachen: Was sollen denn wir tun? Und er sprach zu ihnen: Tut niemandem Gewalt noch Unrecht und lasst euch genügen an eurem Sold!

Tja, liebe Gemeinde,
Schlangenbrut, Otterngezücht, sollen wir uns am 3. Advent in dieser Form beleidigen lassen? Ist unsere Welt nicht schon voll genug von Leuten, die sich dadurch hervortun, dass sie möglichst viele andere beschimpfen und verunglimpfen? Leute, die nicht nur glauben, den größten Trumpf zu haben, sondern vorgeben, es selbst zu sein? Oder solche, die unter Pressefreiheit die persönliche Freiheit zur Erpressung anderer verstehen? Oder die sich davon Erfolg versprechen, bei anderen Ängste aller Art zu schüren? Es sind ja im Moment auch bei uns genug, die sich lautstark gegen alles Bisherige zu Wort melden. Alles

sei am Ende und viel zu lange schon und es müsse sofort aufhören und anders werden. Vielleicht so, wie man es in Erinnerung zu haben meint. Aber was genau soll eigentlich kommen? Da wird die Antwort meist schuldig geblieben und nichts Genaues weiß man nicht.

Von diesen Gestalten hebt der wetternde Johannes sich ab – denn er hat eine klare Vorstellung von dem, was kommen wird. Doch zunächst stellt sich schon Unbehagen ein, wenn man ihn hört. Was habt ihr denn erwartet, fragt ja auch Jesus seine Jünger wie auch das Volk. Ja, was habt ihr erwartet, als ihr zu ihm in die Wüste gegangen seid? Ein Schilfrohr, das vom kleinsten Windstoß bewegt wird, einen Menschen in weichen Kleidern? Jemanden, der euch nach dem Mund redet? Mit anderen Worten: Ihr wolltet doch die ernsthafte Auseinandersetzung mit dem Zustand der Welt und eurer Gesellschaft, ihr seid doch überhaupt nur in die Wüste gegangen, weil ihr spürt, es muss sich etwas ändern. Was anderes ist da geboten als heiliger Ernst und Klartext? Und so verwundert es nicht, dass auch Lukas Johannes als denjenigen schildert, der in der Bibel dafür verantwortlich ist: Als einen Propheten, an den das Gottes Wort »geschieht«. Und wenn das geschieht, dann bewirkt dieses Wort in einem Menschen etwas, man kann sich seiner Wirkung nicht entziehen, man muss sich dazu verhalten. Und so predigt an Johannes das ganze Leben. Er lebt in der Wüste – und er predigt über die Wüste. Über die Wüste, die in den Menschen selbst entsteht durch ihr Verhalten und so ist es nicht nur ein herber Ton, sondern sind es auch herbe Themen: Gericht und Gnade, Verwunden und Heilen, Buße und Umkehr. Er spricht die Leute an, direkt, unmittelbar, da ist kein »Man müsste mal« oder »Man könnte mal«: Bereitet dem Herrn den Weg und räumt weg, was in diesem Weg ist. Denkt nach und dann kehrt um. Benutzt euren Verstand und bildet euer Herz. Bei Johannes gibt's keine religiöse Selbstbespiegelung. Kein Wellness-Gedöns, das die Leute einlullt. Kein süßlicher pseudoreligiös-esoterischer Gefühlskitsch, bei dem – wenn es denn überhaupt eine gibt – die Substanz gänzlich in der Form aufgeht. Nicht mit Johannes.

Das liebe und bewundere ich an ihm: seinen heiligen Ernst. Es geht ums Ganze. Und es geht um alle, Johannes spricht immer nur zur Menge, nie zu Einzelnen. Mir persönlich ist die Figur des Täufers in der Adventszeit im Laufe der Jahre immer wichtiger geworden. Manche Leute sagen ja, Kirche müsse Spaß machen! Den muss man mal zerlegen, diesen Satz. Meine Güte. Wir haben hier Sonntag für Sonntag und auch zwischendrin einen Raum und Zeit für Themen, die unsere spaßsüchtige Gesellschaft krampfhaft ausklammert. Themen, die sonst nicht vorkommen. In einem Interview vor nicht allzu langer Zeit habe ich sogar mal gesagt: Es geht um Themen, die todernst sind. Da haben mich einige völlig irritiert angerufen: Wieso meinen Sie todernst, Sie sind doch eigentlich ein ganz fröhlicher Mensch. Ja, aber das sind zwei total verschiedene Dinge. Es muss nicht immer todernst im Leben zugehen, um Gottes Willen. Aber was uns blüht, wenn wir den »Dabar«, das Wort Gottes, das an uns ergeht, nicht wichtig nehmen, und uns von ihm nicht mehr treffen lassen, dann blüht uns Schlimmes: Nicht nur Herumzudümpeln im Banalen und Vorfindlichen, das uns immer eigenartig leer lässt, sondern wir laufen Gefahr, etwas zu verlieren: Das Bewusstsein für das, was unsere Gesellschaft, was unser Miteinander im Innersten zusammenhält und was wir keineswegs preisgeben sollten.

Das kommt zur Sprache in der Frage derer, die da zu ihm in die Wüste kommen. Was sollen wir denn tun? Die Leute fragen das ganz konkret. Johannes bleibt beim Klartext, aber er wird milder. Es ist fast enttäuschend einfach. In der Tat, im Grunde hat er nur Wasser anzubieten – aber das ist das Wichtige, Wesentliche und Notwendige in der Wüste. Und so fällt auch seine Antwort aus: Tut, was geboten ist. Nicht mehr und nicht weniger. Es ist nichts, was man nicht leisten könnte und was man nicht eigentlich auch schon längst wüsste. Niemand hier wird dauerhaft in die Wüste gerufen oder fort von seinem Weg und Ort oder Beruf. Da sind die Zöllner. Heute wären das diejenigen, auf deren Leistungen und Dienste alle notwendig angewiesen sind. Ihnen sagt Johannes: Setzt nicht den Profit an die oberste Stelle eures Berufes und Lebens, sondern Fairness. Nehmt nicht mehr als vorgeschrieben ist. Nicht mehr, als moralisch vertretbar ist. Eine bestimmte Sorte von unstillbarer Gier nach noch mehr Millionen befallenen Profifußballern taucht hier übrigens nicht auf. Aber die würden sich möglicherweise Ähnliches anhören müssen von Johannes. Mit einem guten Freund, der einen mittelgroßen Friedhof mit etlichen Mitarbeitern führt, habe ich – spaßeshalber oder todernst – ausgerechnet, dass er allein für die von Ronaldo offensichtlich am Fiskus vorbeigeschobenen 12 Millionen Euro für Werbeeinnahmen die Personalkosten für knapp 50 Jahre im Sack hätte!

Aber es ist viel zu billig, mit dem Finger nur auf die Ronaldos zu zeigen. Es ist diese Haltung in mir selbst, wie hole ich das Beste für mich heraus, ohne auf die Folgen zu achten bzw. sie wirklich ernst zu nehmen? Das billigste Fleisch, das billigste Brot? Die Botschaft des Johannes ist klar und deutlich: Hört auf damit. Irgendjemand zahlt immer für diese Einstellung. Andere und auch ihr selbst, täuscht euch nicht. Wer letzten Sonntag hier war, erinnert sich vielleicht noch an einen prägnanten Satz aus dem Matthäusevangelium: »Weil die Missachtung des Gesetzes überhand nehmen wird, wird die Liebe in vielen erkalten.« Die Gleichgültigkeit ist das Problem. Johannes predigt es gerade nicht nur den Großen, sondern allen. Achtet auf eure Wurzeln und auf eure Früchte. Da geht es um eine Lebenshaltung, nicht um ein Nachzählen der Hemden. Nein, man muss sie nicht mitmachen, diese ganze »Unter-dem-Strich-zähl-ich-Unkultur«.

Die Leute, die zu Johannes in die Wüste strömen, merken das anscheinend irgendwie. Räumt das weg, sagt Johannes, begradigt euch selbst. Das Krumme in euch – und tragt sie ab, die Berge, die ihr aufgeschüttet habt, damit ihr dahinter abgeschieden und für euch leben könnt. Das ist eine Zumutung, ja. Macht eben keinen Spaß, so etwas, denn es stellt ja, damals wie heute, in Frage, wie wir leben. Und: Es ist eine Zumutung, denn es erfordert Mut.

Aber genau das schafft auch den Raum, uns von Gott finden zu lassen. In der Wüste bereitet dem Herrn den Weg, an dem Ort, den Johannes für seine Predigt wählt.

Bewusst. Dieser Ort der Gefährdung, der Einsamkeit und der Gegensätze. Wo es karg ist, spüren wir den Hunger und den Durst nach dem, was uns wirklich nährt. Ja, es sind nicht die glanzvollen Momente, in denen wir uns entwickeln, sondern es sind die Wüstenzeiten unseres Lebens, wo das passiert. Wo, wenn nicht in der Wüste, lernt man dazu? Wer die Bibel kennt, weiß: Wer ins gelobte Land will, muss zunächst in die Wüste. Sie ist der Ort der Treue Gottes, die Zehn Gebote, der Bundesschluss, alles ist hier lokalisiert. Hier fängt Gott immer wieder neu an mit den Menschen.

Und: Von diesem Ort kehrt man auch zurück. Johannes erwartet von niemandem, dass er so lebt wie er, er schickt die Leute zurück nach Hause. Und dabei schimmert im Gegensatz zu all den Niedermachern die Menschenfreundlichkeit des Johannes durch. Es gibt bei ihm nicht nur Heuschrecken zu beißen, sondern auch Honig. Das macht seine Predigt von vornherein erträglich.

Und noch etwas anderes lässt einen sich mit Johannes vielleicht sogar anfreunden: Dass er sich nicht für unsterblich und unersetzlich hält. Er weiß ganz genau, er ist eine vorübergehende Erscheinung. Wenn ihm seine Aufgabe gelingt, kann er bestenfalls etwas vorbereiten: Ich taufe euch mit Wasser, es kommt aber der der stärker ist als ich. Johannes tritt gerade nicht auf und verspricht, dass er alles allein machen, schaffen und lösen wird, sondern dass jeder bei sich zu beginnen hat, um zu einem menschenfreundlichen Maß in seinem Leben zu kommen. Und dabei das hervorbringt, was Johannes recht-schaffende Früchte der Buße nennt. Recht-schaffend, das geht auch mit Bindestrich: Früchte, die (auch anderen) Recht schaffen.

Johannes hat das gepredigt. Gehört und umgesetzt hat es wie niemand anderes – Maria. Sie, die im Mittelpunkt des nächsten Adventssonntags steht. Wie keine andere hat sie alles weggeräumt, was im Wege stehen kann, wenn man Gott empfangen und sein Wort austragen will. Ihre Antwort war: Meine Seele erhebt den Herrn – nichts anderes. »Magnificat anima mea dominum«. Diese Antwort auf die Gnade Gottes ist es, die alle Welt den Heiland sehen lassen wird.

Von den Lehrmeistern der Hoffnung

Predigt über Jesaja 52,7–10, 4. Adventssonntag,
22. Dezember 2013

Liebe Gemeinde,
manche große Wahrheit unseres Lebens lässt sich in Worten kaum ausdrücken. Da braucht es Bilder wie die, die der Evangelist Lukas im Evangelium zum heutigen 4. Adventssonntag zeichnet: von einer alten Frau, deren Lebenshoffnung sich am Ende wider Erwarten doch noch erfüllt. Elisabeth wird schwanger. Sie begegnet der jungen Frau Maria, die von keinem Mann wusste – und ebenso wundersam schwanger ist. Leben entsteht, wo alle Hoffnungen wie gestorben sind und wo man es nicht vermutet. Bei beiden geht es nicht mit rechten Dingen zu. Sprich: So, wie man als nüchterner aufgeklärter Mensch zu denken gelernt hat in unserer Welt, in der eben nur die Fruchtbaren gebären, die Mächtigen sich durchsetzen, wo die Hungrigen hungrig bleiben und die Reichen immer reicher werden. Elisabeth und Maria erfahren, wie diese Wirklichkeit auf den Kopf gestellt wird – durch die Geburt zweier Kinder: Johannes und Jesus. Und auch sie, zwei unscheinbare Frauen aus dem Volk, bekommen einen Namen und rücken aus der Anonymität und Bedeutungslosigkeit, die Frauen damals zugemessen war, mitten ins Zentrum der göttlichen Heilsgeschichte.

Ihre Geschichte – sie verlockt uns heute zu Größerem. Zu einer größeren Hoffnung für unser Leben, die sich nicht mit der bloßen normativen Kraft des Faktischen abfindet. Wenn wir diese Erzählung nicht bloß unter der Frage betrachten, ob das denn historisch so zugegangen ist, dann werden wir nicht nur ihre Schönheit und Anmut entdecken, sondern auch ihre innere Wahrheit: Wo für uns Menschen die Dinge zu Ende zu sein scheinen, da beginnt Gott mit uns neu. Da regt sich etwas, wo eigentlich nichts wachsen kann. Wer das erfährt, kann wie Maria nur vor Freude singen – so wie es vor ihr schon die Propheten getan haben. So wie Jesaja, der darüber jubelt, dass das Volk Israel nach 70-jähriger Gefangenschaft in Babylon wieder nach Hause kommt, nach Jerusalem. Dort liegen der Tempel und der königliche Palast noch immer in Schutt und Asche. An dem Ort, wo man sich einst Gottes Gegenwart sicher war und sie verehrte, regt sich nichts mehr. Aber nun wird wahr, was in Jerusalem niemand mehr geglaubt hat. Und die Wächter der Stadt, die eigentlich nur ihre Stimme erheben sollen, um vor dem Feind zu warnen, sehen der Erfüllung längst vergessener Träume und Visionen entgegen. Jesaja beschreibt das so – und das ist der Predigttext für den 4. Adventssonntag:

Wie lieblich sind auf den Bergen die Füße der Freudenboten, die da Frieden verkündigen, Gutes predigen, Heil verkündigen, die da sagen zu Zion: Dein Gott ist König! Deine Wächter rufen mit lauter Stimme und rühmen miteinander; denn alle Augen werden es sehen, wenn der HERR nach Zion zurückkehrt. Seid fröhlich und rühmt miteinander, ihr Trümmer Jerusalems; denn der HERR hat sein Volk getröstet und Jerusalem erlöst. Der HERR hat

*offenbart seinen heiligen Arm vor den Augen aller Völker,
dass aller Welt Enden sehen das Heil unsres Gottes.*

Das ist das Thema des Advents: Warten darauf, dass Gott in unser Leben kommt. Mitten hinein in die Verwerfungen und Brüche, mitten hinein in die persönlichen Katastrophen, in Leid, Verlust und Lebensangst. Advent heißt ja nicht nur: »Wir warten auf Weihnachten«, sondern Advent ist die Zeit, die uns erinnert an die Hoffnung unseres Glaubens. Eine Zeit der Selbstvergewisserung, die uns Figuren wie Elisabeth, Maria oder Jesaja gewissermaßen verordnen: Noch in den Trümmern zu hören »Dein Gott ist König« – und niemand sonst. Nicht deine Verzweiflung, dein Unglück, nicht das Trümmerfeld deines eigenen Lebens und nicht all die anmaßenden Kleinkönige um dich herum mit ihren verschiedensten Interessen.

Elisabeth, Maria, Jesaja – sie sind Lehrmeister in Sachen Hoffnung. Und das setzt sich fort bis hin zu den prophetischen Gestalten unserer Tage, die diese Hoffnung überzeugend leben. Die anders reden und anders entscheiden als andere. Und manchmal wirken sie noch über ihr Leben hinaus, so wie der kürzlich verstorbene Nelson Mandela. Noch gezeichnet von den 27 Jahren im Gefängnis hatte er kurz nach seiner Freilassung die ehemaligen Feinde im wahrsten Sinne des Wortes an einen Tisch geholt: an den gemeinsamen Mittagstisch in seinem Hause. Nicht mehr die, die ihn eingekerkert hatten – aber ihre Witwen: die Frauen der beiden Präsidenten und Verfechter der Apartheidspolitik. Signal eines Neuanfangs, der auf Vergebung beruht. Und anscheinend wirkt die von ihm ausgegangene Kraft der Versöhnung weiter, wenn sich am Rande seiner Trauerfeier US-Präsident Obama und der kubanische Staatschef Raul Castro die Hand reichen können. In einem südafrikanischen Stadion wird möglich, was unter den sogenannten normalen Umständen nicht, noch nicht geht. Es bedarf eines bestimmten Geistes, in dem Dinge auf den Weg gebracht werden, die unmöglich scheinen – es bedarf immer wieder der Freudenboten, die Frieden verkündigen statt Gewalt und Gutes predigen statt Vergeltung. Für mich war diese Begebenheit am Rande eines der stärksten Zeichen in dieser Adventszeit: Die Hoffnung auf die Kraft der Versöhnung niemals aufzugeben. Das bereitet dem Herrn den Weg, und zwar so, dass es alle sehen können: alle Völker und aller Welt Enden, wie es bei Jesaja heißt. Und sei es erst einmal im Fernsehen.

Erkennbar sein als Christenmenschen, die sich mit Elisabeth, Maria und Jesaja verbunden fühlen, das hat uns in den letzten Wochen im Konfirmandenunterricht beschäftigt. Denn die Frage ist ja: Was macht uns als Menschen aus, die noch etwas erwarten und die noch etwas verändern wollen an dieser Welt trotz aller Widerstände? Und was geht auch Nichtreligiöse bzw. Nichtglaubende am Christentum unbedingt an? Es ist die Botschaft des Freudenboten, der auch auf den Bergen gepredigt hat: auf denen Galiläas und dann auf denen Jerusalems: Heil, Frieden und Gutes kommen dadurch in die Welt, dass der elende Grundsatz »Wie *du* mir, so *ich* dir« aufgebrochen wird. Ganz konkret stellt Jesus hier alles auf den Kopf und macht daraus: »Wie ich dir, so du mir«. Das ist es, was er mit den Bildern wie vom Hinhalten der linken Wange oder mit dem Gebot der Feindesliebe letztlich erreichen will. Dass wir den besseren Weg wählen, der sich das Gesetz des Handelns nicht vom anderen aufzwingen lässt. Es ist der bessere Weg, weil ich damit die Kriterien meines Denkens und Handelns selbst bestimme und so auch vor meinen Rachegefühlen und Phantasien und nicht zuletzt Ängsten besser geschützt bin. Das macht mich zu etwas, zu einem Gegenüber, zu einer Persönlichkeit. Das ist Arbeit, und es bedeutet Überwindung und Mut, schließlich sind wir mit dem Argumentationsmuster »Wie du mir, so ich dir« manchmal erschreckend eng verwoben. So haben in den letzten Wochen in Leipzig viele gefragt, warum sollten hier in Deutschland Moscheen gebaut werden – zumal man in islamischen Ländern ja auch keine Kirchen bauen dürfe und obendrein Christen dort bedroht und verfolgt würden? Das ist alles richtig und es ist sogar zu verurteilen, dass das dort so ist. Aber sollte man wirklich die Toleranzschwelle in diesen Ländern zum Maßstab für die eigene machen? Gerade weil es dort so ist, und wir es verurteilen, sind doch die Menschen, die hier bei uns leben, zu schützen. Weil dort Recht gebeugt wird, können wir doch nicht aufgeben, was bei uns gottseidank gilt: Religionsfreiheit und Recht auf öffentliche Ausübung derselben.

Nun wird, glücklicherweise, auch diese Diskussion irgendwann überwunden sein, denn das hat die Geschichte ja immer wieder gezeigt: Im katholischen Salzburg wurden noch im 19. Jahrhundert Protestanten der Stadt verwiesen. Im lutherischen Hamburg durften Katholiken lange Zeit keine Kirche bauen, das passierte dann außerhalb auf der Großen Freiheit auf St. Pauli. Genauso wie in Köln die erste evangelische Kirche noch auf der anderen Rheinseite erbaut werden musste, auf der Deutzer Freiheit. So wie im lutherischen Lübeck die Reformierten nur ein Bürgerhaus als Kirche erbauen und nutzen durften und bis heute die 1951 gebaute römisch-katholische Dreifaltigkeitskirche in Zürich keinen Glockenturm hat. Über all das schütteln wir ja heute nur noch den Kopf. Aber die Ängste und Vorbehalte waren die gleichen wie heute. Und nicht zuletzt braucht man sich auch nur vor Augen zu führen: Auch Kirchen sind immer wieder als Demonstrationsobjekte von Macht und Überlegenheit über andere missbraucht worden.

Was die Geschichte dabei auch gezeigt hat: Toleranz gelingt nur da, wo man sich seiner selbst halbwegs gewiss ist. Nur dann lässt sich ohne Angst aushalten, dass der andere anders ist. Man muss jemand sein, um sich zu jemandem verhalten zu können.

Und das – jemand zu sein – das ist es ja gerade, was Menschen durch die Botschaft Elisabeths, Marias oder Jesajas zurückgewinnen sollen. Gewissheit seiner selbst, Identität, Bedeutung. Damit wird auch Hoffnung auf Veränderung des Bestehenden möglich. Ob es nun Elisabeth oder Maria oder die entwurzelten und ihrer religiösen und kulturellen Identität beraubten Jerusalemer sind oder die achtlos daliegenden Ruinen des früheren Heiligtums: Jemand zu sein, wieder jemand zu werden mit der Hoffnung darauf, dass Widerstände so überwunden werden können, dass sich neue Lebensmöglichkeiten ergeben –

darum geht es. Es ist ein großes Thema des Advents, darauf zuzuleben, sehnsüchtig, aber auch fröhlich und getrost: »Seid fröhlich und rühmt miteinander, ihr Trümmer Jerusalems«. Eure Existenz wird wieder aufgebaut, ihr werdet wieder verwurzelt sein, was euch gefangen nimmt, wird ein Ende haben. Aus den Trümmern wird eine Stadt des Lebens. Und des Friedens, denn das bedeutet Jerusalem ja letztlich: Stadt des Friedens.

Noch leben wir im Advent. Noch warten wir auf die Vollendung. Aber heute, zwei Tage vor dem Heiligen Abend, ahnen wir etwas von den schon bereitstehenden Freudenboten, die das Lied vom Frieden Gottes unter den Menschen als Ersten den Hirten auf den Feldern von Bethlehem gesungen haben. Advent ist noch Erwartung. Und doch steht unser Leben schon jetzt unter dem Licht der kommenden Erfüllung.

Das gute Licht wird siegen

Ansprache über Lukas 2,1–20, Heiligabend 2023

Es begab sich aber zu der Zeit, dass ein Gebot von dem Kaiser Augustus ausging, dass alle Welt geschätzt würde. Und diese Schätzung war die allererste und geschah zur Zeit, da Quirinius Statthalter in Syrien war. Und jedermann ging, dass er sich schätzen ließe, ein jeglicher in seine Stadt. Da machte sich auf auch Josef aus Galiläa, aus der Stadt Nazareth, in das judäische Land zur Stadt Davids, die da heißt Bethlehem, darum dass er von dem Hause und Geschlechte Davids war, auf dass er sich schätzen ließe mit Maria, seinem vertrauten Weibe; die war schwanger. Und als sie daselbst waren, kam die Zeit, dass sie gebären sollte. Und sie gebar ihren ersten Sohn und wickelte ihn in Windeln und legte ihn in eine Krippe; denn sie hatten sonst keinen Raum in der Herberge. Und es waren Hirten in derselben Gegend auf dem Felde bei den Hürden, die hüteten des Nachts ihre Herde. Und des Herrn Engel trat zu ihnen, und die Klarheit des Herrn leuchtete um sie; und sie fürchteten sich sehr. Und der Engel sprach zu ihnen: Fürchtet euch nicht! Siehe, ich verkündige euch große Freude, die allem Volk widerfahren wird; denn euch ist heute der Heiland geboren, welcher ist Christus, der Herr, in der Stadt Davids. Und das habt zum Zeichen: Ihr werdet finden das Kind in Windeln gewickelt und in einer

Krippe liegen. Und alsbald war da bei dem Engel die Menge der himmlischen Heerscharen, die lobten Gott und sprachen: Ehre sei Gott in der Höhe und Friede auf Erden bei den Menschen seines Wohlgefallens. Und da die Engel von ihnen gen Himmel fuhren, sprachen die Hirten untereinander: Lasst uns nun gehen gen Bethlehem und die Geschichte sehen, die da geschehen ist, die uns der Herr kundgetan hat. Und sie kamen eilend und fanden beide, Maria und Josef, dazu das Kind in der Krippe liegen. Da sie es aber gesehen hatten, breiteten sie das Wort aus, welches zu ihnen von diesem Kinde gesagt war. Und alle, vor die es kam, wunderten sich über die Rede, die ihnen die Hirten gesagt hatten. Maria aber behielt alle diese Worte und bewegte sie in ihrem Herzen. Und die Hirten kehrten wieder um, priesen und lobten Gott für alles, was sie gehört und gesehen hatten, wie denn zu ihnen gesagt war.

Liebe Gemeinde,
wenn wir die Orte aus der Weihnachtsgeschichte hören: Galiläa, Nazareth, Bethlehem, dann können wir nicht anders als an das zu denken, was sich auch in diesen Stunden abspielt in Israel und Gaza, im Heiligen Land, im gelobten Land der Bibel, das all diese Gebiete umfasst hat. Wir denken an die Menschen in ihrer Angst um ihre Angehörigen, an alle, die verletzt sind an Leib und Seele, die als Geiseln in irgendwelchen Tunneln hocken oder auf der Flucht sind vor dem nächsten Bombardement. Frauen, Kinder, Männer, Menschen wie wir, die Unschuldigen leiden wie immer am meisten. Der in Haifa geborene Philosoph Omri Boem hat das im November in seiner Rede zur

Eröffnung des Münchner Literaturfests so auf den Punkt gebracht: »Vielleicht ist gerade dies die Definition einer finsteren Zeit: eine, in der die Idee von der Menschheit in Bedrängnis gerät.« Wo das passiert, geht es ganz schnell wie bei all dem, was am 7. Oktober in Israel passiert ist im Kibbuz Be'eri, beim Super Nova Festival bei Re'im. Oder in Butscha in der Ukraine. Oder oder oder ... Es geht ganz schnell, die Erfahrung zeigt immer wieder, wo der Gedanke ist, ist die Tat nicht weit. Und sie macht uns hilflos, weil wir immer wieder merken, wir müssten doch mit der Tatsache umgehen können, dass es Leute gibt, die so unmenschlich sind, dass es nicht zu fassen ist. Die im anderen den Mitmenschen nicht mehr sehen wollen und ihn vernichten wollen. Ja, es ist finstere Zeit, wo die Idee von der Menschheit in Bedrängnis gerät – und uns das immer wieder von Neuem sprachlos macht und verunsichert.

Hier nun setzt Weihnachten an. Die Weihnachtsgeschichte, die wir gehört haben, beschreibt auch solch eine Zeit – historisch gesehen rund um das Jahr 0 im gelobten Land. Menschen werden auf einen Fingerzeig des römischen Kaisertyrannen kreuz und quer durch das ganze Land geschickt. Ein Menschenleben ist ihm egal, seine Steuer nicht. Aber es ist eben bei Weitem nicht nur Historie, die in der Weihnachtsgeschichte beschrieben wird, sondern ein Geschehen, das alle Zeiten und alle Orte berührt, in denen sich diese Form von Finsternis breit gemacht hat. Und sie zeigt uns darüber hinaus – und auch da ist sie zeitlos: Hier ist zugleich der Ort, an dem wir Hoffnung finden werden. Denn Weihnachten wird es *nur mitten in* dieser unmenschlichen Finsternis. Nur wenn man das begreift, versteht man, worum es Weihnachten eigentlich geht.

Und so verlängert sie sich – die Weihnachtsgeschichte – in unsere Lebensgeschichten hinein. So wie in die des jungen Mannes Tomer, der zu den Überlebenden des Festivals vom 7. Oktober gehört. Er ist zutiefst gezeichnet davon, ein Mensch, dem der Boden unter den Füßen weggerissen wurde. Aber es ist keine Wut, kein Rachegedanke, kein heiliger Zorn zu spüren, wie auch bei keinem Einzigen, der noch interviewt wird in dem Dokumentarfilm »Renn um Dein Leben«. Tomer, einst bei einer Spezialeinheit der israelischen Armee, sucht am Ende des Films nach Worten: »Wir haben die Hoffnung, dass wir darüber hinwegkommen werden … mit Gottes Hilfe. Wir wollen keinen Krieg. Wir wollen Frieden. Das ist doch der Grund, weshalb wir die Party gemacht haben … Gutes gegen böses Licht und dass die Leute verstehen, was das gute Licht ist und dass es siegen wird. Da glaube ich wirklich dran.«

Tomer hat mich beeindruckt, weil er dem entgangen ist, was man »Terrorfalle« nennen kann. Denn der Terror ist listig, er infiziert das Opfer und macht seinen Gegner sich selbst ähnlich. Er verführt uns, weil er in uns alles auf den Kopf zu stellen vermag – vor allem die eigenen Werte. Und suggeriert, dass es nicht Zeit zu denken und zu sprechen sei, sondern dass man schnell reagieren muss, etwas machen, handeln. Schluss mit den hehren Worten. Sie taugten ohnehin nur für Sonntagsreden und Weihnachtspredigten, sind etwas für die Gutmenschen, die stolz auf ihre Überzeugungen sind. Wie schnell können wir da aus der Spur geraten, weil uns das Ereignis drängt! Und ehrlich gesagt: Ich weiß nicht, ob ich das könnte, so wie Tomer in seiner Situation erst mal beim Denken zu bleiben. Aber noch mehr hat mich berührt, dass er im Grunde die Weihnachtsgeschichte auf sich selbst bezogen erzählt hat. Tomer vertraut auf das »gute Licht«: Dass der Mensch im anderen den Menschen sehen kann, auch wenn es finster ist. Und dass es seine Bestimmung ist, nach Frieden und Gerechtigkeit zu streben. Das »gute Licht«, Tomer vertraut darauf: Es wird sich durchsetzen, wo die Finsternis herrschen und wo der Terror unsere Herzen besetzen will. Das gute Licht wird siegen. Tomer selbst ist das beste Beispiel dafür, wozu Menschen in der Lage sind, die durch dieses Licht bewegt, wieder aufgerichtet werden.

Die Weihnachtsgeschichte beschreibt das als »die Klarheit des Herrn«. Es ist das »gute Licht«, das den Hirten leuchtet – und allen anderen Menschen. Denn diese Geschichte redet von der Menschheit. Auch wenn sie ansetzt in der konkreten Historie, sie tut es auf Grundlage der Idee der Menschheit. Von der *einen* Menschheit. Sie redet von *aller* Welt, die geschätzt wird, von *jedermann*, der sich auf den Weg macht ... der Engel spricht von Freude, die *allem Volk* widerfahren wird. Und vom Frieden auf Erden bei den *Menschen* seines Wohlgefallens. Bei den *Mensch*en – nicht bei Juden, Christen, Moslems, Religiösen, Halbreligiösen, Atheisten, bei den *Menschen*. Einfach nur Menschen. Hirten nennt sie die Weihnachtsgeschichte, sie sehen ein Licht, die Klarheit des Herrn, in dem sie das Maß aller Dinge erkennen sollen: Gott wird Mensch, um die Menschheit zu erlösen. »Und das habt zum Zeichen: Ihr werdet finden das Kind in Windeln gewickelt und in einer Krippe liegen«. Ein

Mensch, in seiner ganzen Schwäche, in seiner Armut, in seiner Verletzlichkeit. Der Journalist Heribert Prantl beschrieb das letztes Jahr in einem großartigen Weihnachtstext so: »Ein Kind, der Ernstfall des bedürftigen und hilflosen Menschen, der Mensch in seiner schwächsten Gestalt, ist Maß aller Dinge. Das ist der Ausgangspunkt für ein Weltverständnis jenseits des Rechts der Stärkeren. Das ist der Ausgangspunkt der Wahrheitssuche in den Dilemmata der Wirklichkeit. Das ist der Ausgangspunkt von Ethik und Moral. Nicht Götter gilt es zu ehren; nicht abstrakte Werte gilt es zu schützen; nicht Ideologien gilt es zu retten. Zu retten ist das konkrete Kind, das Kind, das im Trog liegt und schreit.«

Den Menschen anzusehen, immer den Menschen, wie er da liegt und zu sehen: Das sind wir! Und: Das sind die anderen! Und hier ist immer auch Gott! Das ist Weihnachten! Gott ist Mensch geworden, Gott ist zu jedem Menschen gekommen. Und wo er geschändet wird, verhöhnt, verlacht, verletzt, wird Gott selbst geschändet.

Die Hirten erfahren, was diese Welt retten wird. Sie tun es in dem Moment, da das Licht über ihnen scheint. Das »gute Licht«. Und wo sie verstehen, was es ist. Und das will immer wieder in Erinnerung gerufen werden, deshalb hören wir immer wieder von Neuem die Weihnachtsgeschichte, mindestens einmal im Jahr sollten wir das tun. Und das, was die Hirten verstanden haben, im Herzen bewegen, wie es dann Maria tut. Von diesem »guten Licht« berührt zu sein, kann alles anders machen.

Denn ob die Idee von der Menschheit »in Bedrängnis« gerät, um es noch einmal mit Omri Boehm zu sagen: Es ist auch an uns, dass wir aufpassen, dass das nicht passiert.

Bei uns selbst, in unseren finsteren Schmuddelecken, in denen das nun mal sitzt, alles abzuwerten, was anders ist als ich. Mit dem Vertrauen auf das gute Licht gegensteuern, wie es Tomer offensichtlich kann. Und dass wir auch aufpassen bei dem, was wir politisch denken und entscheiden. Bei dem, was wir mitten im Alltag durchgehen lassen, wo wir einfach schweigen, zögern, weil wir Angst um uns selbst haben. Denn dass die Idee von der Menschheit in Bedrängnis gerät, passiert ja nicht erst da, wo Fürchterliches geschieht wie am 7. Oktober 2023 in Israel, im Februar 2022 in der Ukraine, 9. November 1938 in Deutschland u.a. Es geschieht viel früher. Nämlich dort, wo wir uns dem verweigern, was in einem Gebot der »Mischna« überliefert ist, einer Sammlung mündlicher Überlieferung von Gottes Weisungen im Judentum. Dort heißt es: »Wo es keine Menschen gibt, bemühe dich, menschlich zu sein.«

Omri Boehm, der übrigens den Buchpreis der Leipziger Buchmesse 2024 bekommen wird, zieht daraus ein Fazit, in dem uns der Geist dessen begegnet, dessen Geburt wir heute feiern: »Was uns (als Menschheit) eint, ist dies: die einzige Möglichkeit, die Leben der Menschen auf der einen Seite als unendlich wichtig zu begreifen, besteht darin, die Leben der Menschen auf der anderen Seite als gleichermaßen unendlich wichtig anzusehen.«

Das ist ein hoher Anspruch. Und immer wieder geht es um die Frage, wie können wir das leben, wie können wir dahin kommen, gerade wenn wir es mit Menschen zu tun haben, die diese Idee von der universalen Menschheit und Menschlichkeit nicht teilen. Aber was würde werden, wenn wir das aufgeben und dafür nicht mehr eintreten würden? Wir würden uns auch von Gottes weihnachtlicher Idee mit der Menschheit verabschieden. Weihnachten geht es um die Grundlage, auf der wir leben, und auf der wir weiter leben können. Und neu denken, neu handeln, neu hoffen. Das »gute Licht« – es scheint in der Welt. Und es will uns leiten zu dem, der sich zum Menschen gemacht hat, damit auch wir es sein und bleiben können. Amen.

Fürchtet euch nicht, schon gar nicht voreinander

Predigt über Lukas 2,15–20 und Kantate 1 aus dem
Weihnachtsoratorium (BWV 248), 1. Weihnachtsfeiertag 2014

Für den Predigttext siehe die vorherige Predigt.

»Auf Zion, und verlasse nun das Weinen«, liebe Gemeinde, die 1. Kantate des Weihnachtsoratoriums nimmt die Bewegung auf, die uns am Ende der Weihnachtsgeschichte begegnet. Und diese Bewegung, sie geht über das hinaus, was sich als historisches Geschehen von Weihnachten beschreiben ließe. Sie ist eine Bewegung des Glaubens und des Begreifens eines Wunders. Weihnachten ist immer beides zugleich: vergangene Geschichte und bewegende Gegenwart. Darum fasziniert uns die Weihnachtsgeschichte, die sich durch Bachs Kantatenwerk zieht, jedes Jahr von Neuem. »Auf Zion, und verlasse nun das Weinen«, in diesem Sinne machen sich die Hirten auf den Weg. Sie gehen los mit der Botschaft »Fürchtet euch nicht« im Ohr, um am Tage zu *sehen*, was ihnen da mitten in der Nacht gesagt worden ist. Sie stehen für die, die aus welchen Gründen auch immer im Abseits der Gesellschaft leben. Sie leben draußen vor, in äußerer oder innerer Dunkelheit. Jetzt aber rütteln sie die Öffentlichkeit wach, die ihnen kaum Beachtung schenkt. Als Zeugen eines Moments, wo Himmel und Erde, Licht und Dunkelheit zusammenkommen – und mit einer Botschaft, die die

Welt verändert: »Ehre sei Gott in der Höhe und Friede auf Erden und den Menschen ein Wohlgefallen«. Dabei müssen sie ihr Erschrecken darüber zunächst überwinden. Denn wer lässt sich schon gerne hineinleuchten in das eigene Leben, vor allem in das eigene beschämende Elend. Auch wenn man es gern hinter sich lassen würde, man mag es doch nicht, wenn es für alle sichtbar wird. Der Rückzug darauf mag manchmal der bequemere Weg sein, aber er ist nie der bessere. So wagen sie es, ermutigen einander, lassen das Zagen, verbannen die Klagen und stellen sich der neuen Herausforderung ihres Lebens. Die heißt: Hier und jetzt zu *sehen*, zu entdecken, was in der Heiligen Nacht gemeint war. Hinzugucken mit den Augen des Tages und nicht nur der Nacht, das ist ein Unterschied. Nun gilt es, den Sprung zu wagen vom hellen Licht der Heiligen Nacht in das nüchterne Licht des Alltags. Das Überwältigende wiederzuerkennen in seiner kleinen äußeren Erscheinung, es aufzusuchen mitten in der Armseligkeit unserer Welt. Gott will sich in der Realität von Stall und Krippe finden lassen. Der große Herr und starke König, der die ganze Welt erhält, muss nicht nur, sondern er *will* in harten Krippen schlafen. Mit dem äußeren Auge auf das zu sehen, was man nur mit dem inneren wahrnehmen kann. Ohne die Demut, sich hinunterzubeugen zu dem, was einem als zu gering erscheint, werden wir es nicht erkennen, das Angesicht Gottes. Und ohne die Geduld, Gottes Anfänge auf dieser Welt im Kleinen hochzuschätzen, werden wir nichts von Gott sehen, hören, fühlen. Das drückt der Anfang eines kleinen Menschenlebens unvergleichlich aus:

Eigentlich ist's normal, aber man staunt trotzdem, dass da alles dran ist.

Ja, alles ist dran, alles ist da in den kleinen Anfängen Gottes mit uns – und es ist darauf angelegt zu wachsen. Verheißen ist uns eben nicht nur ein Reich der Träume, sondern eine Realität in dieser Welt, die sich nach Weihnachten äußerlich offenbar in keiner Weise geändert hat – und die doch eine völlig andere ist. Es gilt, das Geschehene für unser Leben zu deuten, auch den Betroffenen selbst. »Alle wunderten sich über das, was ihnen die Hirten gesagt hatten«, heißt es. Alle, also auch Maria und Joseph, die ja beide schon auf das besondere Wesen ihres Kindes vorbereitet waren.

Aber es ist ja tatsächlich so: Im Laufe des Lebens muss man das Gleiche immer wieder hören, wie jedes Jahr die Weihnachtsgeschichte und das Weihnachtsoratorium, um das ganze Geschehen in seiner Tiefe zu durchdringen. Und dafür benötige ich auch die Visionen und Glaubenserfahrungen der anderen, bin angewiesen auf ihre Deutungen von Gottes Gegenwart in unserer Welt. Niemand von uns ist sich da selbst genug, Weihnachten ist keine Privatsache, sondern eine höchst öffentliche Angelegenheit, seine Botschaft bringt die Menschen in Austausch und Dialog miteinander. Sie führt völlig unterschiedliche Lebensgeschichten zusammen unter der einen Überschrift: Fürchtet euch nicht, schon gar nicht voreinander.

Auch eine Maria braucht die Ansprache der Hirten, um zu verstehen, was in ihr vorgeht: Sie bewahrt diese Worte in ihrem Herzen. Beides gehört zusammen. Die innere Bewegung der Maria und die äußere der Hirten. Was mich als glaubenden Menschen innerlich bewegt, kann mich nicht stillsitzen lassen – und was ich glaube, will zugleich immer wieder von Neuem gewonnen werden. Ich habe es nie. Das ist die Lebenshaltung der Maria. Sie hat sich immer wieder durchdringen lassen in der Tiefe ihres Herzens. Eine Lebenshaltung, zu der später auch der erwachsene Jesus die Seinen im Gleichnis vom Sämann, der die Saat auf den Acker streut, auffordert, das Evangelium ins Menschenherz zu pflanzen, um es in ihm wachsen zu lassen und es schließlich, ob Frau oder Mann, wie Maria in diese Welt hinein zu gebären, ihm Gestalt zu geben.

Maria, das sind also auch wir, so wie die Hirten auch. Und beides, ihre innere wie ihre äußere Bewegung gehören zusammen, auch bei uns, wenn es gilt, den nächtlichen Chorgesang der himmlischen Heerscharen am Tage umzusetzen. Also die Frage zu beantworten, die in der 1. Kantate des Weihnachtsoratoriums nicht von ungefähr genau in der Mitte steht: »Wie soll ich dich empfangen, und wie begegn' ich dir?« Ich, jede und jeder an seinem, an ihrem Ort, wie begegnen wir ihm? Wie setzen wir es um in unseren Alltag, das weihnachtliche Lied über das, was dieses Kind bringt, damit die Welt heil werden kann?

Ehre sei Gott in der Höhe, das ist die erste Strophe dieses Liedes: Gott in der Höhe allein die Ehre zu geben – und niemanden an seine Stelle zu setzen, andere nicht und auch nicht sich selbst. Und allen zu widerstehen, die sich das anmaßen. Den Ideologien und Diktaturen aller Art zu wehren, wo Menschen ihnen ausgeliefert sind. Hinzugucken mit den ausgeschlafenen Augen des Tages auf das, was sich in unserer Welt mit verbrecherischer Gewalt und auch unter dem Missbrauch von Religionen gebärdet. Kaum wahrgenommen von der medialen Öffentlichkeit wird in diesen Tagen die verzweifelte Lage der Christen im nördlichen Irak, die auf der Flucht sind, Kälte und Dunkelheit und vor allem der Angst um ihr Leben ausgesetzt. Nehmen wir wahr, was dort geschieht, etwas, was den arabischen Staaten leider enorm schadet? Wo es auch nur einen verschwindenden Rest an jüdischer Bevölkerung gibt und Christen nun dort dasselbe droht? Machen wir uns wirklich stark genug für sie, sie aufzunehmen bei uns? Das Ganze ist glaubwürdig nur dann möglich, wenn wir uns hier für das einsetzen, was diesen Menschen dort verwehrt wird: das Recht, ihre Religion, welche auch immer, friedlich auszuüben und den interreligiösen Dialog zu fördern und wie bei Maria und den Hirten es als Gewinn zu betrachten, die unterschiedlichen Lebensgeschichten zusammenzuführen.

Aber da ist noch viel mehr, was sich im Laufe dieses Jahres gezeigt hat, was nachdenkenswert wäre. Die Tendenz, das, was sich unangemessen hineindrängt in unser Leben, nicht schicksalsergeben hinzunehmen wie das Geschnüffel der NSA, sich nicht abzufinden mit der Haltung, ach das ist halt normal und das machen doch alle. Warum, um alles in der Welt, finden wir das normal, dieses Schema von oben-unten und gestehen bestimmten Institutionen kritiklos ihren angemaßten Platz über uns zu? Wir sind da schon bei der zweiten Strophe des himmlischen Lobgesangs: »Friede auf Erden« – das impliziert den Gedanken der Gerechtigkeit. Wenn ich das und das vorhergehende »Ehre sei Gott in der Höhe« ernst nehme, dann kann ich nicht mehr anders, als alle Menschen auf gleicher Stufe mit mir selbst zu betrachten, woher sie auch kommen, was sie auch glauben. Die sich beängstigend verbreitende schleichende Bereitschaft, menschliche Grundrechte in Frage zu stellen und zu meinen, sie denen verwehren zu können, die mir irgendwie bedrohlich erscheinen, gehört dazu. Dazu muss man nicht nur auf die Pegida-Bewegung gucken. Wobei man sich natürlich fragen muss, was ist da schief gegangen in Sachen »Grundkurs Gestalten demokratischer Prozesse« und vor allem auch, was ist schief gegangen in Sachen schlichter Herzensbildung? Wie kann einer der größten abendländischen Grundsätze, auf dem bekanntlich kein Geringerer als Immanuel Kant seine praktische Philosophie aufgebaut hat, in weiten Teilen der Bevölkerung so vergessen sein? Der Grundsatz, der jesuanisch formuliert heißt: Behandelt die Menschen so, wie ihr selbst von ihnen behandelt werden wollt, oder kantisch, wem das mehr liegt: Handle stets so, dass die Maxime deines Wollens allezeit zur allgemeinen Maxime erhoben werden kann. Wenn wir das hinbekommen würden, dann wäre der Friede auf Erden gesichert. Leider, muss man sagen, kriegen wir Menschen das nicht abschließend und endgültig hin. Aber wir können immer wieder anfangen, und uns dazu an dem orientieren, was uns jedes Jahr zu Weihnachten neu ins Bewusstsein gerufen wird: Uns nicht zu fürchten vor dem Grau der Realität oder vor fremden Menschen und Meinungen. Sondern auf die Anfänge zu schauen und darauf zu vertrauen, dass sie wachsen, dass sie sich weiterentwickeln. Und das Weinen verlassen, unser Zagen und Klagen, dass es alles vergebens sei, wir nur kleine Rädchen im Getriebe der Welt seien und so weiter und dass es sich am Ende doch ganz gut leben lässt im Halbdunkel der Verhältnisse. Scheuen wir die Anstrengung nicht – weder die des inneren Bewegens der Worte der Heiligen Nacht noch die daraus resultierende äußere Bewegung der Hirten. Ich denke, man kann das ganz gut mit den wunderbaren Worten Rainer Maria Rilkes unterstreichen: »Habe Geduld gegen alles Ungelöste in deinem Herzen und versuche die Fragen selbst lieb zu haben wie verschlossene Stuben ... Forsche auch nicht nach den Antworten, die dir nicht gegeben werden können, weil du sie nicht leben kannst ... Lebe jetzt die Frage, vielleicht lebst du dann eines fernen Tages in die Antwort hinein.« Also: Leben wir jetzt die Frage, bewegen sie in uns, gehen los und sehen die Geschichte, wie und wo Gott sich in dieser Welt jetzt und heute Raum sucht und sein Werk vollbringt: Damit, wie es in der 1. Kantate des Weihnachtsoratoriums heißt, »was ihn ergötze, uns kund und wissend sei«.

Wie wir zu Kindern Gottes werden

Predigt über 1. Johannes 3,1–6, 1. Weihnachtsfeiertag 2017

Liebe Gemeinde,
in der ersten Kantate des Weihnachtsoratoriums fängt alles an mit Pauken und Trompeten. »Jauchzet, frohlocket« – und wir sollen einstimmen in die herrlichen Chöre des Himmels – und das fällt nicht schwer, wenn man den Thomanerchor und das Gewandhausorchester musizieren hört. Da hören wir den weihnachtlichen Jubel einerseits, aber vollziehen auch den Weg, auf den die Kantate einen mitnimmt zu dem ganz anderen Pol von Weihnachten: Zu dem Ort, wo ich mich hinabbeugen muss. Am Ende steht der Choral »Ach, mein herzliebes Jesulein, mach Dir ein rein sanft Bettelein, zu ruhn in meines Herzens Schrein, dass ich nimmer vergesse Dein.« Mein Herz wird zur Krippe, die diesen Höchsten fassen soll. Auf dem Weg dahin ruckelt es ordentlich, vor allem in der Bass-Arie »Großer Herr und starker König« – er, der große Herr, der die »Pracht und Zier der Welt erschaffen« hat, »muss in harten Krippen schlafen«. O ja, das Göttliche will nicht recht hineinpassen in den hart-herzigen Menschen. Bach lässt die Singstimme von den Instrumenten synkopisch begleiten, immer gehen Göttliches und Menschliches gegenan. Weihnachten, die Menschwerdung Gottes bleibt widerständig. Der Gegensatz bleibt bestehen: Gott

wird Mensch, aber der Mensch wird nicht Gott, auch wenn Gott sich in ihn hineinlegt, wenn er hineinwill in sein Innerstes. Und wir tun gut daran, wenn wir diesen Widerstand wahrnehmen, dass er nicht so einfach aufbricht. Ja, liebe Gemeinde, was macht Weihnachten mit uns? Manche Kritiker des Christentums, aber nicht nur sie, fragen ja: Ist eigentlich irgendetwas mit uns Menschen passiert, ist irgendetwas vorangegangen, seitdem Gott Mensch geworden ist? Haben wir trotz allem himmlischen Gesang vom Frieden auf Erden seitdem nicht noch mehr religiös motivierte Gewalt in der Welt? Müsste die Welt nicht anders aussehen, wenn die Menschen diesem Friedensbringer vertrauen würden – oder ist er zu schwach mit seiner Botschaft, müsste sie nicht anders lauten? Wenn sich dieses Kind in unserem Herzensschrein wirklich ein sanft Bettelein machen würde, wären wir dann nicht längst weiter, müssten wir Kriege und Verbrechen gegen die Menschheit nicht längst ad acta gelegt haben? Oder müssen wir uns nicht fragen, ob es uns nicht längst reicht, einmal im Jahr in Stimmung zu kommen, uns das Ausleben unserer Gefühle zu gestatten, unsere Sehnsüchte nach Frieden, unserem Harmoniebedürfnis – was auch immer?

Die Frage, wie das eigentlich alles zusammenpasst bzw. in seiner Widerständigkeit zu begreifen ist – ich denke, unser heutiger Predigttext aus dem 1. Johannesbrief kann uns da hilfreich sein in all seiner Sperrigkeit. Er kann es, weil er Weihnachten vor allem erst einmal als ein nicht abgeschlossenes Ereignis in der Vergangenheit versteht – was die Weihnachtsgeschichte nach Lukas im

Übrigen auch tut, aber man ist versucht sie so zu verstehen, wie einen Bericht aus vergangenen Zeiten, fast wie einen historischen Bericht, weil sie als Legende die historische Ebene bewusst berührt. Unser heutiger Predigttext ist da ganz anders, er ist ganz und gar nicht weihnachtlich: Keine Hirten, keine Könige, keine heilige Familie, keine Krippe, noch nicht einmal Bethlehem kommt vor. Er fordert uns heraus, aber vermag uns dabei vielleicht gerade den Kern von Weihnachten als anhaltendes Geschehen nahebringen.

Seht, welch eine Liebe hat uns der Vater erwiesen, dass wir Gottes Kinder heißen sollen – und wir sind es auch! Darum erkennt uns die Welt nicht; denn sie hat ihn nicht erkannt. Meine Lieben, wir sind schon Gottes Kinder; es ist aber noch nicht offenbar geworden, was wir sein werden. Wir wissen: Wenn es offenbar wird, werden wir ihm gleich sein; denn wir werden ihn sehen, wie er ist. Und jeder, der solche Hoffnung auf ihn hat, der reinigt sich, wie auch jener rein ist. Wer Sünde tut, der tut auch Unrecht, und die Sünde ist das Unrecht. Und ihr wisst, dass er erschienen ist, damit er die Sünden wegnehme, und in ihm ist keine Sünde. Wer in ihm bleibt, der sündigt nicht; wer sündigt, der hat ihn nicht gesehen noch erkannt.

Man muss sagen: Keine einfachen Worte und Gedanken! Welch eine Liebe hat uns der Vater erwiesen, dass wir Gottes Kinder heißen ... Gottes Kinder! Dabei merken wir doch gerade zu Weihnachten wie kaum sonst, dass wir doch vor allem Kinder unserer Eltern sind und dass wir das nicht abschütteln können. Die einen wollen Weihnachten unbedingt so feiern, wie man es früher zuhause gemacht hat, alle Rituale, möglichst alles wie immer. Oder es ist im Gegenteil so, dass jemand gerade an Weihnachten das nicht will, dass jemand sagt, nein, mit meinen Eltern will ich im Moment gerade nichts zu tun haben. Zu sehr schmerzt mich noch, was mein Vater von mir erwartet hat. Zu tief sitzt, wie meine Mutter mich vereinnahmt hat. Dass man davon nicht so ohne Weiteres loskommt, ob man will oder nicht, das merkt man zu Weihnachten. In unserem Predigttext ist nun erst mal das, dass es etwas wie unter Weihnachtspapier Verborgenes in unserem Leben gibt, das wir immer wieder von Neuem auszuwickeln haben und uns anschauen können: Dass wir Kinder sind – aber eben mehr als Kinder unserer Eltern. Guckt hin, seht, so hören wir es: *Seht*, welch eine Liebe hat uns der Vater erwiesen, dass wir Gottes Kinder heißen sollen – und wir sind es auch. Seht hin, ständig kommt das auch in der Weihnachtsgeschichte vor, auch im Weihnachtsoratorium, immer wieder wie hier, seht hin, seht wirklich hin!!! Seht hin und begreift, warum Gott nun gerade in einem Kind zur Welt kommt, ist es nicht auch ein Zeichen für das, was in uns als Kind leben will – und sollte? Wir sind da mitten in der Weihnachtsgeschichte nach Lukas drin, in dieser wunderbaren Legende, die so viel aktueller, überzeitlich ist als jeder historische Tatsachenbericht es je sein könnte. Jesus ist hier das Kind seiner Eltern, aber eben auch nicht, weil es weder für seine noch für alle unsere Geburt gilt, dafür steht das wunderbare Symbol der Jungfrauenschaft Mariens, für diese tiefe Wahrheit, dass jedes Kind eben nicht seinen leiblichen Eltern gehört und nicht nur auf sie bezogen ist – sondern dass wir allenfalls Gott gehören und auf ihn bezogen sind. So, wie die Mutter Maria in dieser Weihnachtsgeschichte des Lukas mit »ihrem« Kind umgeht, trägt sie zwar im Herzen die Vision eines Engels, der ihr das Wesen des Kindes ankündigt, das sie zur Welt bringen wird. Aber in dem Moment, wo sie es zur Welt gebracht hat, steht sie so staunend davor, wie alle anderen auch. Sie nimmt die Worte der Hirten auf und hört, was *sie* von *ihrer* Erscheinung des Engels erzählen, sie antwortet nicht, kommentiert es nicht, sondern nimmt es in ihrem Herzen auf und bewegt es in ihm. In keiner Weise bemächtigt sie sich ihres Kindes in der Weise, dass sie sagt: Es ist mein Kind – und ich allein weiß und entscheide, was für es gut ist. Nichts dergleichen. Die wunderbare Weihnachtsgeschichte von Lukas sagt uns: Das göttliche Kind, das »herzliebe Jesulein«, es kann gerade deshalb leben auf dieser Welt, weil niemand behauptete: Wir sind seine Eltern und wissen, was richtig ist. Sondern: Es lebt, weil die, die das hätten behaupten können, ihn freigaben und ihn begleiteten auf dem Weg, den einzig Gott für ihn bestimmt hatte. Einen Weg ständigen Lernens mit ihm, ein Weg ständigen Hörens auf ihn, ein Weg des Sich-Abgewöhnens, selbst zu wissen, was für dieses Kind richtig sei. Das ist es, was die Evangelien erzählen von dem, wie Jesus herangewachsen ist, und er wird, kaum 12 Jahre alt, auch diesen wunderbaren Eltern Maria und Josef sagen: Habt ihr nicht gewusst, dass ich in dem sein muss, was meines Vaters ist? Und als Erwachsener wird er uns sagen: Wenn ihr nicht selber werdet wie Kinder, so voll Vertrauen, voll Mut, voll Kraft, die in euch leben könnte – dann werdet ihr nie begreifen, was das Reich Gottes ist – nämlich wie nahe Gott euren Herzen schon ist, wenn ihr denn wirklich hinhört und hinseht! Ich denke, das ist das Erste, was wir von der weihnachtlichen Botschaft mitnehmen können: Die absolute Ehrfurcht vor dem Leben eines jeden Menschen, vor der Berufung, die in *ihm* leben möchte: Gotteskind zu sein. Sie will sich entfalten, und die Frage ist, wie wir damit umgehen und es unterstützen können. Und das eben nicht wie die sogenannten Hubschrauber-Eltern, die alles andere als das in ihren Augen perfekte Kind als persönliche Niederlage begreifen. Nein, der andere ist immer unendlich viel mehr als das, was ich im Moment in ihm sehe. Maria als Mutter des Kindes, das zugleich des Höchsten Sohn ist, mag uns da zu der gebotenen Gelassenheit und Aufmerksamkeit ermutigen, die es ermöglicht, auch das Kind des anderen in sich wachsen zu lassen. Ich denke, dass es in der zunehmend digitalen Welt unser aller analoge Aufgabe bleibt und zunehmend sein wird: Dass wir Menschen so betrachten, wie Maria ihren Sohn betrachtet. Dass wir alle, Eltern oder nicht, verstehen, was unsere Aufgabe ist, als Eltern vor allem, aber auch sonst: Dass wir Durchgang sind für das Göttliche im anderen. Dass wir als Eltern, Freunde und Zeitgenossen nicht mehr und nicht weniger dazu da sind, als das Wunder Gottes zu begleiten, das jeder Mensch ist und das durch uns allenfalls hindurchgeht und es ermöglicht. Dass wir für das wirklich Individuelle eines Menschen Platz lassen in unserer hochindividualisierten Gesellschaft, dass wir dem Göttlichen in uns Platz zum Wachsen lassen. Das ist die fortgeschriebene Wahrheit der weihnachtlichen Legende aus Lukas: Die Heilung unserer Fähigkeit zur Ehrfurcht, so wie sie Maria gegenüber ihrem Kind zeigt ...

Das erklärt den Nachdruck, mit dem der Verfasser des 1. Johannesbriefs uns hier anspricht: Wir sind Kinder Gottes, auch wenn dem noch so viel entgegenstehen mag in dem, was wir alles so kaputt machen und ersticken durch unser vermeintliches Klugsein. Ja, unsere Gotteskindschaft ist im Werden, sie ist noch nicht vollendet. Genau darum geht es im zweiten Teil unseres Predigttextes, der vielleicht noch sperriger ist, weil er uns noch einmal sehr gezielt mit dem Abstand zwischen Gott und uns konfrontiert, der es im Weihnachtsoratorium theologisch und musikalisch so ruckeln lässt in der Arie »Großer Herr, o starker König« – eben dem Abstand, der manche sagen lässt: Was ist mit Weihnachten denn besser geworden, seitdem Gott auf Erden kam. Hier ist die Rede von der Sünde. Ja, auch das ist ein Fall für sich. Die Sünde – in der Bibel ein existenzieller Begriff, kein moralischer, jedenfalls zunächst. Denn: Heiligabend ist nach evangelischem Kalender auch der Gedenktag für Adam und Eva, unsere Ureltern. Nicht nur: Seht, welch eine Liebe hat uns der Vater erwiesen, heißt das, sondern auch: Seht, wo ihr herkommt! Die Geschichte mit dem verlorenen Paradies, das ist auch unsere Geschichte. Im Mittelalter gab es am Heiligen Abend neben den Weihnachtskrippenspielen Paradiesspiele. Man hat Bäume aufgestellt, die immer grün sind: Tannenbäume mit Äpfeln dran, die an die Paradiesfrucht erinnern. Eines der Vorbilder für unseren

Weihnachtsbaum. Spiele, die anregen, auch hier zu sehen, wo wir herkommen. Auch das gehört zu uns, was hier im 1. Johannesbrief »Sünde« heißt und ihre Auswirkungen. Die Lieblosigkeit und die Lüge. Die Geschichte, dass einer die Schuld auf den anderen schiebt: Ich war's nicht, die Frau war's. Ich war's nicht, die Schlange war's. Die Geschichte der Unfähigkeit, Verantwortung zu übernehmen. Auch in uns steckt es, das Evahafte oder auch der alte Adam. Wir sind Kinder auch dieser Eltern. Und gerade zu Weihnachten scheint ja mitunter auch davon etwas durch, wie wir an diesen Tagen unter dem Tannenbaum mit denen umgehen, die wir doch eigentlich lieben. Evas Töchter und Adams Söhne sind wir. Dennoch können wir uns zum Glück vor Augen führen: An Weihnachten steht der Paradiesbaum mitten bei uns zuhause im Zimmer. Der Geschichte unserer menschlichen Lieblosigkeit ist ihr Ende schon angesagt, weil Gott sich zu uns auf den Weg gemacht hat als Kind. Martin Luther hat in einer Predigt einmal gesagt: »Gott ist kein Engel geworden, wie es vielleicht angemessen gewesen wäre. Er ist Mensch geworden, damit wir Menschen zu ihm gehören. Er gehört zur selben Familie wie wir.«

Beide Seiten also sind in uns, Kind Gottes und, o je, auch Kind der Sünde. So bleibt es, das auch zusammenzusehen und der dritten Spur in diesem Text zu folgen. Denn da ist die Rede von »Wir«, von »uns«, Plural: Gott hat uns nicht zu Einzelkindern gemacht. Wir gehören zusammen als Kinder Gottes. Also doch: Weihnachtliche Harmonie und nichts dahinter? Aber um eine vermeintlich heile Familie, in der alles unter den Teppich gekehrt wird, geht's hier gerade nicht. Sondern um sehen und erkennen, was wirklich Weihnachten feiern bedeutet: Ich bekenne, wo ich lieblos bin. Ich bitte um Vergebung. Ich nehme eine Bitte um Vergebung an und verzeihe, wo ich verletzt wurde. Ich sehe nicht auf das, was uns entzweit. Ich sehe tiefer, hinter die Fassade. Sehe dem anderen an: Auch du bist Kind deiner Eltern und Tochter Evas, Sohn Adams. Damit machst du es mir manchmal schwer. Aber ich möchte dir anders begegnen: Ich sehe darauf, dass wir beide miteinander als Kinder Gottes verbunden sind. Darauf, dass wir beide Gottes Vergebung brauchen. Gemeinsam mit dir stelle ich mich an die Krippe. Wir lassen uns beschenken mit diesem Kind, das uns zu Kindern macht. Wir packen gemeinsam aus. Und dann erkennen wir, was wir mit diesem Kind gemeinsam sind: Gottes Mitstreiter gegen Lieblosigkeit! Verbündete gegen das Böse, das wir erfahren, und auch gegen das Böse in uns. Das kann nicht folgenlos bleiben. Manchmal fängt es klein an, wie das Kind in der Krippe. Aber wie bei einem Kind geht es um Wachstum, ein »Nichtkönnen« ist meistens ein »Nochnichtkönnen«, die Grenzen, die wir dabei erfahren, sind vorläufige Grenzen. Das unterscheidet Christenmenschen von all den Predigern der Alternativlosigkeit in dieser Welt, bei denen die weihnachtliche Dimension von oben und unten, vom Miteinander von Himmel und Erde, im Denken nicht vorkommt, sondern man sich still und heimlich doch selbst an die Stelle Gottes setzt. Gerade aus dieser Haltung heraus werden doch letztlich Religionskriege angezettelt: eben nicht aus religiösen Gründen, sondern aufgrund der für sich selbst reklamierten Einzigartigkeit – bis hin zum Wahn der Unfehlbarkeit und Unverletzlichkeit.

Zu einem letzten Schritt fordert der Text am Ende dann auch noch heraus: Dass wir so, wie wir als Kinder Gottes sind, in ihm bleiben. Also nicht nur er in uns – sondern wir auch in ihm. Dieser fröhliche Wechsel ist die wahre Weihnachtskunst über das ganze Jahr hinweg: Das Kind in uns als Krippe ruhen lassen – und zugleich im Alltag Gottes Kinder bleiben – und auch weiter werden. Denn: Wir können nicht stehenbleiben an der Krippe. Wir müssen weitergehen. So wie die Hirten weitergehen mussten, nachdem sie das Kind gesehen hatten – und in ihm sich, wie sie sein bzw. werden können.

Gottes Kind sein und bleiben heißt also: Selbst zur Krippe werden, in die Gott sich legt. Empfangen. Loslassen. Die alten Gewohnheiten loslassen. Wer das tut, hat die Hände frei. Die Frage: Feiern wir Weihnachten mit Lametta oder Äpfeln, sie ist nicht mehr wichtig. Ich kann vergeben, wenn mich jemand lieblos behandelt hat. Ich muss nicht mehr darum kämpfen, wertgeschätzt und geachtet zu werden. Denn ich empfange Gottes Kind, das mich zum Kind macht. Wer loslässt, wird frei, in Gott zu bleiben. Das ist das Geheimnis von Weihnachten, der Dreischritt dieses auf den ersten Blick unweihnachtlich erscheinenden Textes: sehen – erkennen – bleiben. Bei, an und in diesem Weihnachtsgeschenk: dem Kind, das sich seine Krippe in uns bauen möchte.

Den Grundton finden wollen

Ansprache zur Motette am 31. Dezember 2023

Liebe Motettengemeinde,
nun liegt das Jahr 2023 fast hinter uns und wir schauen darauf zurück. Gefühlt war es ein Jahr, »das nur die Untergangspropheten glücklich machte.« (Stefan Cornelius, SZ, 16./17. Dezember) Wenn man sich die Jahresrückblicke anschaut, kann man trübsinnig werden mit einem unabsehbar anhaltenden Dauerkrieg in der Ukraine, den schrecklichen Bildern vom Überfall der Hamas vom 7. Oktober und all dem, was dann kam. Ein Jahr mit Krisen und Konflikten, mit Schreiern und Spaltern.

Wieder einmal, so ist man geneigt zu sagen, denn es handelt sich nicht nur um die Erfahrung eines einzigen Jahres, sondern um die Fortsetzung eines Zustands, der schon seit geraumer Zeit auf vielen Gesellschaften lastet, auch auf unserer. Dass viele von uns in unterschiedlicher Weise das Gefühl haben, dass sich auflöst, was lange selbstverständlich war, und dass Ordnungen zerfallen, die uns Sicherheit gegeben haben. Dieses Phänomen überwältigt Staaten und Staatengemeinschaften und auch uns als Einzelne. Es beunruhigt uns – auch weil wir wissen, es gibt kein einfaches Rezept, wie man damit umgehen soll. Sozialpsychologen wie Jonathan Haidt, Professor für Psychologie der Stern School of Business in New York, schauen schon seit Jahren auf das, was da passiert. Haidt analysiert den Widerspruch zwischen dem Grundtrieb des Menschen, einerseits etwas aus seiner Sicht Gutes zu wollen, andererseits aber zugleich das Bedürfnis zu haben, zu etwas dazuzugehören und sich abzugrenzen. Das begründet Staaten wie auch Religionen und hält sie zusammen. Es funktioniert aber nur in klarer Gegnerschaft »zu dem da draußen«, zu »den anderen«. So ist es paradox: Eine Gesellschaft ist nur dann stabil, wenn sie nach außen für Abgrenzung sorgt – aber sie sorgt damit zugleich auch für ihre eigene Instabilität! Denn wie soll sie sich entwickeln? Und wenn dann noch wie verstärkt in den letzten gut zehn Jahren das Bedürfnis nach Abgrenzung in immer kleinere Gruppierungen innerhalb der Gesellschaft vordringt, so Jonathan Haidt, verstärken sich die Fliehkräfte. Denn alle haben das Bedürfnis nach Ordnung und danach, sich zu schützen. Und so schlägt das, was einem Bedürfnis nach Gerechtigkeit entspringt, schnell um in Selbstgerechtigkeit und moralische Urteile – die sogenannte Cancel Culture lässt grüßen. Und das bringt dann die auf der anderen Seite des politischen oder weltanschaulichen Spektrums wiederum in Fahrt. Und so lebt der Mensch auf so viel Ebenen zunehmend und gleichzeitig im Konflikt, dass es ihn überfordern kann. Sprich: Je kleinteiliger sich eine Gesellschaft organisiert, je spezieller auch das Bedürfnis nach Identität und Zugehörigkeit und je feiner das Messsystem für die eigene Vorstellung von Gerechtigkeit, desto mehr Abgrenzung und Zerfall gibt es folglich auch im größeren Gesellschaftsverbund. Die Fahrt in dieser Zentrifuge erleben wir gerade besonders in den westlichen Gesellschaften. Man schaue sich nur den Megakonflikt in Sachen Antisemitismus und Palästinenserrechte an. Aber es genügt schon die Emotionalität in der Debatte um die Gendersprache, um die Fliehkräfte zu verstehen, die da gerade wirken.

Wenn das so ist, wie Haidt und auch andere Sozialpsychologen es analysieren: Was hilft uns dann? Sicher zunächst die schlichte Einsicht, dass der Mensch gar nicht anders kann, als im Konflikt miteinander zu leben und bestehen zu müssen. Und dass es ungeheuer langwierig und anstrengend ist, ihn mit Anstand und Hartnäckigkeit auszutragen. Aber nur so werden wir wohl zusammenhalten können, was zusammengehalten werden muss, und die Fliehkräfte in den Griff bekommen.

Dass wir da vielleicht gerade besonders müde sind, ich merke es jedenfalls an mir selbst, das macht mir durchaus Sorge. Die Konflikte nehmen zu, werden kleinteiliger und komplizierter – aber unsere Konfliktfähigkeit und -bereitschaft wird kleiner. Dabei müssten wir uns nicht nur um der Demokratie willen daran gewöhnen, dass die Dinge nicht nur in Regierungskonstellationen in Zukunft noch konfliktträchtiger werden – auch unter uns müssen sie ausgetragen werden können.

Es ist immer gut zu schauen und innezuhalten an Tagen wie diesen, was einen an solchen Punkten aufrichten kann und denkerisch neu in Bewegung bringt. Gerade wenn man noch nicht genau weiß, wie sich alles konkret gestalten wird. Für mich, und ich weiß auch für viele von Ihnen, sind an solchen Punkten Johann Sebastian Bachs Kantaten hier immer wieder eine Fundgrube der Besinnung. Gerade die gleich zu hörende dritte Kantate des Weihnachtsoratoriums setzt bei diesem Thema an. Und zwar im Chor der Hirten gleich nach dem Eingangschor und dem ersten Rezitativ, Sie haben den Text ja vor sich. Die Hirten hören von der Geburt des göttlichen Kindes, das ihrem Leben Heil und Orientierung verspricht: dass sie hier finden werden, was ihr Leben und Denken verändern wird. Auf diese Nachricht reagieren sie auch erst mal nicht mit großer Freude, sondern mit großer Verunsicherung. So, wie wir immer erst einmal auf Veränderungen reagieren. Das Einzige, was sie dabei erst mal nur wissen, ist: Sie müssen so schnell wie möglich nach Bethlehem und sehen, was da passiert ist. Aber – so hält es Bach jedenfalls in dem Chorsatz »Lasset uns nun gehen nach Bethlehem« fest – es ist noch keinesfalls sicher, wie sie dahin kommen sollen. So ergibt sich im Chor ziemliche Verwirrung – und entgegengesetzte Richtungen. Man beginnt auf dem gleichen Ausgangston, aber die Hirten des Soprans und Tenors laufen die Tonleiter hinauf, die von Alt und Bass hinunter und man landet harmonisch gesehen erst einmal in ganz unterschiedlichen Welten. Erst im Verlauf des Chores kommt man sich näher, hört aufeinander, findet den gemeinsamen Weg – und letztlich einen tragfähigen Schlussakkord. Und darauf kommt es an! Ich finde, dieser kleine kurze Chor ist ein großartiges Lehrstück für das, was eine Gesellschaft im Innersten zusammenhält. Ein Musterbeispiel dafür, mit einem der Grundprobleme unserer Gesellschaft umzugehen und den einen Grundton finden zu *wollen*, den eine Gesellschaft finden muss, wenn sie in Frieden zusammenleben will.

Aber auch dann sind es noch drei reflektierende Stücke, die Bach einfügt, bevor die eigentliche Handlung weitergehen kann. Es braucht seine Zeit. Drei Reflexionen darüber, was einem denn in bzw. an der Krippe begegnet an dem, was unserem Denken, Fühlen und Handeln einen entscheidenden Anstoß versetzen kann. Da ist zunächst im Bassrezitativ von Trost die Rede: »Er hat sein Volk getröst', er hat sein Israel erlöst.« Das Wort Trost bedeutet ursprünglich »Vertrag, Bündnis« – Gott erneuert in diesem Kind seinen Vertrag, sein Bündnis mit den Menschen, er wird in diesem Kind solidarisch mit allen Leiden der Welt – um sie mitzutragen und dann am Ende zu überwinden, wenn der Tod nicht mehr das letzte Wort hat. Nun kann die Freude als Grundhaltung des Lebens Raum gewinnen: Die Freude darüber, geliebt zu sein, vom Himmel, so wie wir sind. So heißt es im folgenden Choral: »Dies hat er alles uns getan, sein groß Lieb zu zeigen an.« Das ist die Mitte des Weihnachtsoratoriums, zumindest die inhaltliche – und eigentlich sollten wir diesen Choral nachher alle, zumindest innerlich, mitsingen! Denn zu wissen, ich bin geliebt – das verhindert, dass ich innerlich verhärte.

Und schließlich im Duett von Sopran und Bass geht es um das, was allein uns zum Leben befreit: Um Gunst, Liebe, Treue, Mitleid und Erbarmen. Das sind die Dinge, die die Hirten in Bethlehem in ihrer Tiefe erkennen sollen als Weg zum Frieden für diese Welt und zur Gerechtigkeit unter den Menschen. Und: Es sind Gaben, die Gott nicht nur in die Krippe, sondern auch in uns hineingelegt hat. Stärken wir sie, denken drüber nach, wie wir sie ausprägen können. Darüber sollten wir uns auseinandersetzen und austauschen auf allen Ebenen unserer Gesellschaft. Darüber sollten wir uns einig sein, dass es das durchaus streitbare Gespräch sein wird, das die Dinge am Ende voranbringt. Manches werden wir wie Maria auch länger in uns bewegen müssen, damit es Frucht tragen kann. So können wir der Leere unseres Herzens vorbeugen, die Angst gebären kann – Angst, die sich radikalisieren kann.

Ich hoffe, dass es uns im Jahr 2024 gelingt, wie die Hirten bei Bach konstruktiv den Weg nach Bethlehem zu suchen und gemeinsam dort anzukommen, wo wir letztlich alle hinwollen. Denn dafür steht »Bethlehem« in der Weihnachtsgeschichte – auf Deutsch bedeutet der Name dieses Ortes »Brothaus«. Es ist der Ort, der uns und alle Welt nährt an Leib, Seele und Geist. Immer wieder geht es drum, diesen Ort zu finden und uns mit unserem im Eingangs- und Schlusschor erwähnten »Lallen« und unseren »matten« Gesängen an der Suche zu beteiligen. Und so auch an dem mitzuwirken, worum wir Gott am Ende dieser Motette wie jedes Jahr bitten: »Dona nobis pacem.« Gib uns Frieden. Inneren und äußeren. Amen.

Dem inneren Herodes widerstehen

Antrittspredigt über Johannes 1,15–18, Epiphanias,
6. Januar 2011

Liebe Gemeinde,
die sechste Kantate des Weihnachtsoratoriums führt uns mitten hinein in unsere Wirklichkeit, wie sie ist mit ihren vielen Seiten. Da gibt's alles, was uns reichlich vertraut ist: all das, was repräsentiert wird im König Herodes, der sich vor allen anderen nur sicher fühlt, wenn er sie beherrschen und drangsalieren kann. Wenn er über die passenden Machtmittel verfügt, die anderen im Zaum halten zu können. Und da gibt's die anderen, die Weisen aus dem Morgenlande. Das sind die, die in dunkler Nacht nicht zur Ruhe kommen. Die sich danach sehnen, Gott zu erfahren in ihrem Leben, womöglich von ihm berührt und verändert zu werden. Menschen, die Ausschau halten nach dem Stern am Himmel, dass etwas passiert, das sie auf den Weg bringt, danach zu suchen. Und nicht zuletzt kommen die vor, vor allem im letzten Tenorrezitativ und der folgenden Arie, die ständig schwanken zwischen ihren Angst- und Ohnmachtsgefühlen und der triumphalen Sicherheit, mit Gottes Hilfe auch dann fest zu stehen, wenn die stolzen Feinde um einen herum zu schnauben beginnen.

Ich glaube: Von allen dreien ist immer etwas in uns allen. Deswegen begegnen wir ihnen auch täglich. Denen, die wie Herodes reden. Einmal kommt er direkt zu Wort im Matthäusevangelium, einmal auch bei Bach. Wir haben es gehört, seine Falschheit steckt da hinter jeder Note, die sich äußerlich ganz richtig einzufügen scheint: »Ziehet hin und forschet fleißig nach dem Kindlein und wenn ihrs findet, sagt mir's wieder, dass ich auch hingehe und es anbete.« Nein, alles andere hat er vor, als sich und seine Macht von diesem neuen König in Frage stellen zu lassen. In seiner Welt dienen die religiösen Bücher keinesfalls dazu, seine einmal gewonnene Position in irgendeiner Weise infrage stellen zu lassen. Wenn manche Politiker behaupten, dass Glaube und Religion ausschließlich Privatsache sei und die Kirchen allenfalls als moralische Instanzen gelten und akzeptiert werden können, die irgendwie, wie auch immer man sich das vorzustellen hat, über den Dingen stehen, aber doch bitte nichts an dezidierter Position zum Tagesgeschehen beizusteuern hätten – dann ist das genau diese Sichtweise des Herodes. Interessanterweise soll da auf einmal die im letzten Oktober ja gerade in der Politik so vielbeschworene jüdisch-christliche Wertetradition nichts mehr beizutragen haben zu Themen wie Sonntagsöffnung, Bildung und dergleichen. Das ist etwas, was diese Diskussion im Nachhinein letztlich entlarvt, als das, was sie war: ein Versuch, diese wie auch immer zu verstehende Tradition – auch das wurde ja von kaum jemandem näher beschrieben – gegen die in Deutschland angeblich drohende Islamisierung in Stellung zu bringen. Also: Sie ausschließlich als Ausschlussverfahren einzusetzen, aber sich nicht auf ihre fundamentalen Fragen und Themen zu besinnen, geschweige denn daraus Anregungen für das eigene Handeln zu empfangen. Und Panik zu verbreiten, statt die Probleme, die es zweifelsohne gibt und über die wir als Gesellschaft lange geschlafen haben, konstruktiv anzugehen. Konstruktiv rangehen, Wege suchen, zusammenfinden, statt weiter zu konfrontieren zwischen Kulturen. In der letzten Woche ist ja allen Ernstes der Vorschlag gemacht worden, Flughafenpassagiere in Deutschland künftig mit einer völlig willkürlichen Methode, nämlich per Gesichtskontrolle nach Alter, Geschlecht und ethnischer Herkunft in Risikogruppen einzuteilen und dann unterschiedlich scharf zu kontrollieren – versehen mit der Erklärung, das geschehe letztlich zum Wohle und zur Zeitersparnis aller. Das ist ein Einfall von Herodes-Menschen! Der Versuch, diese herodianische Schmuddelecke, die ich in mir selbst ja durchaus auch kenne, diese tiefsitzende Angst und Verunsicherung vor dem Fremden und Anderen, und diese Angst, selbst nichts mehr zu gelten, unreflektiert als salonfähig zu etablieren. Gerade nach solchen Vorfällen wie in Alexandria vor einigen Tagen muss man sich vielleicht selbst als Allererster und Allererstem sagen: die, die so etwas machen, sind nicht *die* Muslime. Sondern es sind Terroristen, die eine, ihre Religion für ihre Zwecke missbrauchen. Nein, es kann nur gehen miteinander, miteinander, wo immer wir herkommen, als Christen, Juden, Muslime, Anders-, Halb- und Nichtgläubige, Nahe und Ferne: nur miteinander werden wir etwas dazu beitragen, dass so etwas aufhält. Alle zusammen. Auch das ist in dieser Geschichte, dieser Weihnachtsgeschichte des Matthäusevangeliums ein Thema, dass es um die Erscheinung Christi zum Wohle der *ganzen* Welt geht. Nicht von ungefähr hat die Tradition später aus den Weisen drei Könige gemacht, die die ganze Welt repräsentieren, drei als Zahl der damals bekannten Erdteile. Alle Welt ist angesprochen, alle Welt ist gemeint, alle Kulturen, alle Menschen ohne Unterschied, die Nahen und die Fernen. Diese Gegenwelt Gottes müssen alle Herodesse dieser Welt natürlich fürchten und wo sie davon hören, da erschrecken sie furchtbar – das mag mancher aus der fünften Kantate des Weihnachtsoratoriums im Ohr haben. Das ist die Welt, in die sich die Weisen aus dem Morgenland hineinbewegen lassen. Die, die von Anfang an instinktiv spüren, mit diesem Stern hat es etwas auf sich, was in sich so viel Kraft hat, diese Herodes-Welt zu verändern. Daran halten sie fest, unbeirrt von den Wüsten und Einöden, die sie auf ihrem Weg zurückzulegen haben, selbst wenn sie dabei den Stern auch mal aus dem Auge verlieren. Umso größer ist die Freude, ihn wiederzufinden, den Stern als Zeichen der Hoffnung, dass es möglich ist, dass Gott selbst sich ganz und gar, mit Haut und Haar, hineinbegibt in diese Welt und damit eine neue Ordnung der Verhältnisse anbricht und von keinem Herodes dieser Welt mehr aufzuhalten ist. Es ist dieser Anbruch der neuen Verhältnisse, um den es auch im Predigttext aus dem Johannesevangelium geht, den letzten vier Versen aus dem großen Prolog, es ist das Zeugnis Johannes des Täufers. Hören wir es:

Johannes gibt Zeugnis von Jesus und ruft: Dieser war es, von dem ich gesagt habe: Nach mir wird kommen, der vor mir gewesen ist, denn er war eher als ich. Und von seiner

Fülle haben wir alle genommen Gnade um Gnade. Denn das Gesetz ist durch Mose gegeben, die Gnade und Wahrheit ist durch Jesus Christus geworden. Niemand hat Gott je gesehen; der Eingeborene, der Gott ist und in des Vaters Schoß ist, der hat ihn uns verkündigt.

Wenn man den letzten Vers wörtlich übersetzt, dann wird es noch etwas genauer deutlich, was hier eigentlich gemeint ist. Der Eingeborene, der Gott ist und in des Vaters Schoß ist, der hat ihn uns ausgelegt. Der, der Gott so nahe war wie kein anderer, hat uns Gott erklärt. Das ganze Johannesevangelium ist voll von Geschichten, die erzählen, wie das ausgesehen hat, und in diesen Geschichten kommt die ganze Palette dessen vor, was Menschen zutiefst bewegt, beunruhigt und quälen kann bis zur Selbstaufgabe. Er spricht mit der verachteten Samariterin ohne Scheu und Vorbehalt. Er bewahrt eine Ehebrecherin vor der Strafe der Steinigung. Da ist der königliche Beamte, der um sein todkrankes Kind bangt. Da ist der Lahme am Teich Bethesda, der niemanden hat, der ihm beisteht. Da ist der Blindgeborene, dessen Leben finster und hoffnungslos ist und sich zusätzlich noch, wie die anderen Betroffenen übrigens auch, mit den zynischen Theoretikern konfrontiert sehen muss, die so gerne ungefragt darüber spekulieren, woran das wohl liegen möge. Wer nur einmal an diese Oberzyniker geraten ist, der weiß: das sind nicht nur die Feinde, die schnauben, sondern die, die einen mit ihren scharfen Klauen wirklich böse verletzen können. Diese Verachteten, Verspotteten, von ihrer Umwelt längst Festgelegten nimmt Jesus allesamt ernst. Willst du gesund werden, willst du selbst etwas ändern an deinem Zustand, fragt er sie und hilft ihnen, ihre Gedanken in eine Richtung zu bringen, in der sie vorankommen können. Wertschätzende Konfrontation, Zuwendung, Trost und Hilfe, das sind die Dinge, die ein Mensch, der an Leib, Seele und Geist verwundet ist, unbedingt braucht. Und so bringt Jesus sie zurück zu sich selbst, zu Gott und zu den anderen. Das ist die Fülle, aus der wir nach Gottes Willen leben sollen. In all dem legt Jesus Gott aus, sagt das Johannesevangelium. In dem, was er sagt und tut, ist die ganze Fülle dessen enthalten, die Gott schenkt, und wenn ihr denn wissen wollt, wer, wo und wie Gott ist, dann schaut auf diesen einen, hier bekommt ihr Orientierung für eure Suche!

Ein Konfirmand aus Meldorf hat das mit der Weisheit, die so manchem 12-Jährigen eigen ist, so ausgedrückt: »Ich glaube, Jesus hat uns alles gesagt, was wir wissen müssen. Aber wirklich alles müssen wir gar nicht wissen, das wäre gar nicht gut für uns.« Ja, das sind Sternstunden im Konfirmandenunterricht, wenn da einer sowas mal eben wie nebenbei loslässt. Wer hellwach ist im KU, lernt unendlich viel, und das gilt im Besonderen für Pfarrerinnen und Pfarrer.

Gott also in Jesus als konkrete, als handfeste Wirklichkeit erfahren. Keine abstrakte philosophische Idee, kein menschliches Phantasieprodukt, kein lieber Vater irgendwo hoch überm Sternenzelt, sondern, wie es von den Propheten gesagt worden ist: »Immanuel«: Mit uns ist Gott. Oder eben auch umgekehrt: Mit Jesus ist auch etwas von uns bei Gott, so wie es im letzten Satz des gesamten

Weihnachtsoratoriums gewissermaßen als Zusammenfassung aller sechs Teile heißt: »Bei Gott hat seine Stelle das menschliche Geschlecht.« Ein für alle Mal gilt es nun: wir bei Gott, Gott bei uns. Der Moment, wo die Weisen aus dem Morgenland das begreifen, ist der Moment, wo sie an der Krippe ankommen. Bach hat das aus meiner Sicht besonders dadurch ausgestaltet, dass er für den Choral »Ich steh an deiner Krippen hier« auf die Melodie eines Liedes zurückgreift, das von endzeitlicher Thematik bestimmt ist, vom Gedanken des Gerichts und der Entscheidung über diese Welt: »Es ist gewisslich an der Zeit, dass Gottes Sohn wird kommen in seiner großen Herrlichkeit zu richten Bös und Fromme.« Der da gar nicht herrlich, sondern so klein, verletzlich, frierend, elend in der Krippe liegt, so wie wir Menschen eben auch sind und uns fühlen – er ist derselbe, in dessen Händen die ganze Welt liegt. Und wer diesen Gott als Immanuel, als Gott für mich, begriffen hat oder es zumindest ansatzweise erahnt, der kann davor nur dankbar auf die Knie gehen. Und der wird zugleich merken, dass sich hier und jetzt schon etwas für mich, für mein Leben entschieden hat: dass Gott mir hier das Ziel bereitet hat, das Ziel meiner Sehnsüchte, und auch die Antwort auf meine Fragen aus Nacht und Dunkelheit. Dass ich dem begegne, der unter dem ganzen Staub und Dreck meiner Schuld, meiner inneren Widersprüchlichkeit, samt der Herodes-Seite mit all ihrer falschen List in mir den erkennt, der ich von Gott her bin und immer bleiben werde. So wie Gold seinen Glanz durch den Staub der Jahre nicht verlieren kann und rein bleibt und keine Verbindungen mit anderen Metallen eingeht, ist es mit meiner Würde, die mir von Gott her zukommt. Dass ich dem Himmel gehöre, so wie der Weihrauch, der sich in einer geraden Linie nach oben verströmt, direkt dem Himmel zu. Und dass ich, dafür steht die Myrrhe als altes Heilmittel gegen den Schmerz, auf meinem Weg durch Leid und Sterben hindurch begleitet sein werde von diesem Immanuel.

Können wir das begreifen? Können wir sie begreifen, diese ganze Fülle der Gnade, wie Johannes sie nennt? Können wir sie annehmen für uns ganz und gar? So dass wir den scharfen Klauen des Feindes unversehrt entgehen können? Genau wie die Hirten in der Weihnachtsgeschichte müssen auch die Weisen aus dem Morgenland wieder zurückgehen in ihr Land, in dem sie leben. Sie gehen einen anderen Weg dorthin, aber das Land, aus dem sie gekommen sind, ist doch dasselbe geblieben und sie werden sich und das, was sie von der Krippe mitgenommen haben, in Anfechtungen und Angriffen bewähren müssen. Das wird nicht ohne Zagen abgehen, ohne dieses ängstliche Flehen, ohne den tief verzweifelten Ruf »lass mich Hilfe sehn«, wie er im letzten Tenorrezitativ vorkommt. Da gilt es dann immer wieder, dem Stern neu zu folgen, sich neu auf den Weg zu machen, neu zur Krippe zu kommen und sich dessen erneut versichern zu lassen, doch, ja, es ist und es bleibt so: »Tod, Teufel, Sünd und Hölle sind ganz und gar geschwächt, bei Gott hat seine Stelle das menschliche Geschlecht.« Da immer weiterzukommen, beharrlich auf diesem Weg zu bleiben, und sich davon auch nicht abbringen zu lassen von tobenden, von schreienden und schnaubenden Feinden, sondern sich mit ihnen furchtlos auseinanderzusetzen, das ist ein Weg, auf dem jede und jeder für sich unterwegs ist. Und wir sind es zugleich immer auch gemeinsam als Gemeinde in dieser Stadt, mit dieser Stadt und für diese Stadt. Und ich kann Ihnen und euch allen hier in und zu St. Thomas sagen: darauf freue ich mich unendlich. Dass es jetzt nach einigen Monaten der Vorbereitung endlich soweit ist, dass wir das zusammen angehen können mit unseren verschiedenen Kräften und Begabungen. Und wie reich diese Gemeinde da beschenkt ist von Gott, habe ich nun schon über Weihnachten erfahren dürfen und habe es genossen, daran Anteil zu bekommen und aus dem schöpfen zu dürfen, was Menschen hier bewegen, die in ihrem Tun aus der Fülle Christi Gnade um Gnade nehmen und gemeinsam dafür sorgen, dass – und das habe ich an einem der vielen Plätze, die ich hier in der Kirche schon ausprobiert habe, gleich hier vorne gelesen – dass es Hauptsache ist, dass die Hauptsache die Hauptsache bleibt: Jesus Christus. Das ist ein Motto, das gefällt mir gut: »Hauptsache, dass die Hauptsache auch die Hauptsache bleibt: Jesus Christus«. Lassen wir uns also gemeinsam in diesen Dienst nehmen im festen Glauben, dass wir alle Zeit nach Gottes Macht und Hilfe sehen können. Und dass sie dann auch da sein wird.

Das Kind legt das Gold in uns frei

Abschiedspredigt über 1. Könige 10,1–13 und
Bachkantate »Sie werden aus Saba alle kommen« (BWV 65),
Epiphanias, 6. Januar 2024

1. Coro
Corno I/II, Flauto I/II, Oboe da caccia I/II, Violino I/II, Viola, Continuo

Sie werden aus Saba alle kommen, Gold und Weihrauch bringen und des Herren Lob verkündigen.

2. Choral
Flauto I/II, Oboe da caccia I/II, Continuo

Die Kön'ge aus Saba kamen dar,
Gold, Weihrauch, Myrrhen brachten sie dar,
Alleluja!

3. Recitativo B
Continuo

Was dort Jesaias vorhergesehn,
Das ist zu Bethlehem geschehn.
Hier stellen sich die Weisen
Bei Jesu Krippe ein
Und wollen ihn als ihren König preisen.
Gold, Weihrauch, Myrrhen sind
Die köstlichen Geschenke,
Womit sie dieses Jesuskind
Zu Bethlehem im Stall beehren.
Mein Jesu, wenn ich itzt an meine Pflicht gedenke,
Muss ich mich auch zu deiner Krippe kehren

Und gleichfalls dankbar sein:
Denn dieser Tag ist mir ein Tag
der Freuden,
Da du, o Lebensfürst,
Das Licht der Heiden
Und ihr Erlöser wirst.
Was aber bring ich wohl, du
Himmelskönig?
Ist dir mein Herze nicht zuwenig,
So nimm es gnädig an,
Weil ich nichts Edlers bringen
kann.

4. Aria B
Oboe da caccia I/II,
Continuo

Gold aus Ophir ist zu schlecht,
Weg, nur weg mit eitlen Gaben,
Die ihr aus der Erde brecht!
Jesus will das Herze haben.
Schenke dies, o Christenschar,
Jesu zu dem neuen Jahr!

5. Recitativo T
Continuo

Verschmähe nicht,
Du, meiner Seele Licht,
Mein Herz, das ich in Demut zu
dir bringe;
Es schließt ja solche Dinge
In sich zugleich mit ein,
Die deines Geistes Früchte sein.
Des Glaubens Gold, der Weih-
rauch des Gebets,
Die Myrrhen der Geduld sind
meine Gaben,
Die sollst du, Jesu, für und für

Zum Eigentum und zum Geschenke haben.
Gib aber dich auch selber mir,
So machst du mich zum Reichsten auf der Erden;
Denn, hab ich dich, so muss
Des größten Reichtums Überfluss
Mir dermaleinst im Himmel werden.

6. Aria T

Corno I/II, Flauto I/II, Oboe da caccia I/II, Violino I/II, Viola, Continuo

Nimm mich dir zu eigen hin,
Nimm mein Herze zum Geschenke.
Alles, alles, was ich bin,
Was ich rede, tu und denke,
Soll, mein Heiland, nur allein
Dir zum Dienst gewidmet sein.

7. Choral

Continuo, Instrumentierung nicht überliefert

Ei nun, mein Gott, so fall ich dir
Getrost in deine Hände.
Nimm mich und mach es so mit mir
Bis an mein letztes Ende,
Wie du wohl weißt, dass meinem Geist
Dadurch sein Nutz entstehe,
Und deine Ehr je mehr und mehr
Sich in ihr selbst erhöhe.

Und als die Königin von Saba die Kunde von Salomo vernahm, kam sie, um Salomo mit Rätselfragen zu prüfen. Und sie kam nach Jerusalem mit sehr großem Gefolge, mit Kamelen, die Spezerei trugen und viel Gold und Edelsteine. Und als sie zum König Salomo kam, redete sie mit ihm alles, was sie sich vorgenommen hatte. Und Salomo gab ihr Antwort auf alles, und es war dem König nichts verborgen, was er ihr nicht hätte sagen können. Da aber die Königin von Saba alle Weisheit Salomos sah und das Haus, das er gebaut hatte, und die Speisen für seinen Tisch und die Sitzordnung seiner Großen und das Aufwarten seiner Diener und ihre Kleider und seine Mundschenken und seine Brandopfer, die er in dem Hause des HERRN opferte, stockte ihr der Atem, und sie sprach zum König: Es ist wahr, was ich in meinem Lande gehört habe von deinen Taten und von deiner Weisheit. Und ich hab's nicht glauben wollen, bis ich gekommen bin und es mit eigenen Augen gesehen habe. Und siehe, nicht die Hälfte hat man mir gesagt. Du hast mehr Weisheit und Güter, als die Kunde sagte, die ich vernommen habe. Glücklich sind deine Männer und deine Großen, die allezeit vor dir stehen und deine Weisheit hören. Gelobt sei der HERR, dein Gott, der an dir Wohlgefallen hat, sodass er dich auf den Thron Israels gesetzt hat! Weil der HERR Israel lieb hat ewiglich, hat er dich zum König gesetzt, dass du Recht und Gerechtigkeit übst. Und sie gab dem König hundertzwanzig Zentner Gold und sehr viel Spezerei und Edelsteine. Es kam nie mehr so viel Spezerei ins Land, wie die Königin von Saba dem König Salomo gab. Auch brachten die Schiffe Hirams, die Gold aus Ofir einführten, sehr viel Sandelholz und

Edelsteine. Und der König ließ Schnitzarbeiten machen aus dem Sandelholz im Hause des HERRN und im Hause des Königs und Harfen und Zithern für die Sänger. Es kam nie mehr so viel Sandelholz ins Land, wurde auch nicht gesehen bis auf diesen Tag. Und der König Salomo gab der Königin von Saba alles, was ihr gefiel und was sie erbat, außer dem, was er ihr von sich aus gab. Und sie wandte sich und zog in ihr Land mit ihrem Gefolge.

Liebe Gemeinde,
»Sie werden aus Saba alle kommen« – Johann Sebastian Bach hat diese Kantate in seinem ersten Leipziger Amtsjahr komponiert und erstmals genau vor 300 Jahren am 6. Januar 1724 hier in der Thomaskirche aufgeführt. Damals neigte sich ein Weihnachtsfest dem Ende, in dessen Verlauf innerhalb von 13 Tagen das »Magnificat«, das »Sanctus D-Dur« sowie sage und schreibe sechs Kantaten, fast durchweg Neuschöpfungen, zum ersten Mal erklungen waren. Bach hatte Leipzig wahrlich große Geschenke auf den Gabentisch gelegt! Darunter auch die heutige Kantate, über die ich in den 13 Jahren hier erstaunlicherweise noch nie gepredigt habe. Und über den für heute vorgesehenen Predigttext, auf den der Eingangschor Bezug nimmt – über den auch nicht. Wunderbar, so liebe ich das, immer wieder von vorn anfangen! Bei Bach und erst recht in der Bibel. Das gilt dann also auch für die zumindest vorerst letzte Predigt, die man so hält.

Dann mal los und mitten rein zunächst ins biblische Geschehen. Was für eine großartige Geschichte aus dem 1. Königebuch des Alten Testaments! Wir haben sie schon gehört und Sie haben den Text vor sich. Wie schon andere vor ihr kommt auch die kluge und weise Königin von Saba zum neuen, tüchtigen und vor allem ebenfalls weisen König Salomo. Sie möchte ihn kennenlernen und auf Herz und Nieren prüfen, ob er denn wirklich so toll ist, dieser junge Mann, wie man hört. Kurzum, sie ist beeindruckt, wie er den Betrieb in seinem Hause leitet, wie gut organisiert sein Hof und der frisch erbaute Tempel sind, wie prächtig alles ist. Ihr stockt der Atem und sie muss bekennen: Das alles ist kostbarer, als was sie je gesehen hat. Und nun entspinnt sich quasi eine »Materialschlacht«: zu sehr viel Gold und Edelsteinen und Sandelholz steuert sie noch mehr bei, 120 Zentner Gold noch zu den schon vorhandenen 420 Zentnern Gold aus Ophir, dem sagenumwobenen Goldland der Bibel. Ja, da muss man investieren, die Frau ist weise! Die beiden scheinen dann eine gute Zeit mit Rätselfragen und allem Möglichen gehabt zu haben. Denn da ist dieser Schlusssatz, den muss man sich auf der Zunge zergehen lassen. Ich liebe es, in der Bibel immer wieder solche Sätze zu finden: »Und der König Salomo gab der Königin von Saba alles, was ihr gefiel und was sie erbat« – und jetzt kommt es – »außer dem, was er ihr von sich aus gab«. Salomo, du alter Schlawiner! Einfach herrlich. So ging die weise Königin von Saba ihrer Wege.

Nun, die Parallelen zur Geschichte der drei Weisen aus dem Morgenland sind mehr als offensichtlich. Auch sie kommen mit ihren Geschenken, um den neuen jungen König kennenzulernen und ihm zu huldigen in seinem frischerbauten Hause. Die Repräsentanten der Weisheitsnationen der damals bekannten Welt machen sich auf zu Jesus, der sozusagen der »zweite Salomo« ist. Salomo von Schalom, auf Deutsch »der den Frieden bringt«. Es ist der Friedenskönig, den sie suchen. Einer, dessen Haus und Hofstaat anders aussehen als bisher bekannt – und mit einer neuen, verblüffenden Ordnung. »Bethlehem« – Haus des Brotes. »Brot« kann man also bekommen bei diesem König, Brot des Lebens. Kostbarer als Gold und alles, was man bisher kannte und was einen verändert nach Hause kommen lässt auf einem anderen Weg.

Beide Geschichten haben mit uns zu tun, liebe Gemeinde, so wie immer, wenn die Bibel mit uns ins Gespräch kommt. Wir sind zusammen in all unserer Weisheit, wir repräsentieren alle Kontinente und alle Altersstufen. Und haben alles im Gepäck, was wir so mitschleppen. Das Gold, das für unser unverwechselbares und auch unvergängliches Wesen steht. Gold läuft nicht an, aber es muss manchmal freigelegt werden vom Staub und Dreck des Alltags. Wir sind da mit dem Weihrauch unseres Gebets, mit alldem, womit wir den Himmel anflehen möchten. Und wir sind da mit der Myrrhe, dem alten Medikament gegen allerlei Leiden. Sie ist die Lebenserfahrung, dass unsere Trauer und unsere Verzweiflung über uns nicht das letzte Wort haben müssen. Ein Erfahrungs-Medikament, das uns auch weiter helfen möge bei all unserem Lebensschmerz, unseren Tränen, unserer Verzweiflung.

Ob religiös oder nicht, wir wären nicht hier, wenn es nicht so wäre: Wir sind mit diesen Gaben im Gepäck alle auf der Suche nach etwas oder einem, der die Menschheit retten und sie lehren kann, so zu leben, dass *sie* leben *kann*. Dass es Wege zum Frieden gibt unter uns, zu innerem und äußerem. Einige laufen auf der Suche nach diesem Salomo den Herodessen in die Hände – wie die drei Weisen zuerst ja auch. Er ist von der Sorte König, die Heil und Größe versprechen, wenn man sie (er-)wählt. Die Messiasse zu sein vorgeben. Aber sie sind, wie es die Geschichtsschreibung von diesem Herodes weiß, »nicht in Windeln gewickelt, sie sind in Unrecht verwickelt; sie führen nicht, sie verführen; ihr Weg ist nicht der Weg der Achtung, sie gehen den Weg der Verachtung« (Heribert Prantl, SZ, 22. Dezember 2023). Wie auch immer sie heute heißen mögen, und ihrer sind viele: Wären die Weisen dieser königlichen Alternative zum zweiten Salomo auf den Leim gegangen, hier hätte alles zu Ende sein können.

Wie gut, dass ihnen die weihnachtlich-nächtliche »Klarheit des Herrn« – so heißt sie in der anderen Weihnachtsgeschichte nach Lukas – eine andere Weisheit ins Herz gepflanzt hat: Wir müssen woanders hin als zu diesen Herodessen mit unserem Marschgepäck, wenn wir wissen wollen, wovon und wie wir wirklich leben wollen. Und so lassen sich die Weisen weiter vom Stern leiten. Sie spüren: Wenn all ihre Lebens-Fragen und auch ihre Lasten für diese »Klarheit des Herrn« durchsichtig werden, dann gewinnen sie Klarheit für ihren Weg. Sie verstehen: Wenn sie ihre Gaben vor diesem König ablegen, wird er sie annehmen. Und noch mehr. Er wird sich mit ihnen verbinden, ein für alle Mal – und uns so den Frieden bringen, nach dem wir uns sehnen.

Und da sind wir nun mitten in unserer heutigen Kantate. Denn genau das arbeitet Bach in der typischen Frömmigkeit seiner Zeit heraus. Schauen wir auf die Texte von Bass- und Tenorrezitativ: »Ist dir mein Herze nicht zu wenig, so nimm es gnädig an, weil ich nichts Edlers bringen kann ... gib aber dich auch selber mir, so machst du mich zum Reichsten auf der Erden. Denn hab' ich dich, so muss des größten Reichtums Überfluss mir dermaleinst im Himmel werden.«

Also, liebe Gemeinde: Vergiss das Gold aus Ophir! *Das* hier ist die Basis für alles. Wo ich erkenne: An der Krippe bin ich bereits der Reichste / die Reichste auf Erden – da kann ich alles bewältigen. Da kann ich alles schaffen. Alles ist wieder möglich, jeder neue Anfang.

Immer wieder gerät uns diese »göttliche Legierung« mit unserem Herzen aus dem Blick. Und immer wieder mal ist in unserem Leben auch der Stern weg, nicht mehr zu sehen. Da immer in Bewegung zu bleiben und nicht zu verzagen, wenn das der Fall ist – das war, kurz gesagt, immer das, was mir hier an der Thomaskirche und auch vorher wichtig war. Gerade hier haben wir ja erfreulicherweise immer zu tun mit denen, die so »aus Saba alle kommen ...« Und immer am meisten Freude gemacht hat mir die Begegnung mit denen, die gar nicht so genau wissen, was sie hier eigentlich suchen mit all ihrem Gepäck. Und mit ihnen zusammen zu forschen, wo der Stern denn nun aufgeht oder wieder aufgeht. Mit Bach und seinen Schätzen wie der heutigen Kantate, die eine einzige Predigt ist: Habt Mut. Vertraut euch dem an in der Krippe und lasst was da. Findet hier, was euch hält im Leben und im Sterben und geht weiter und lebt als die, die ihr seid, so wie ihr seid. Ihr findet Brot, das wirklich sattmacht, im Palast dieses zweiten Salomo, in seinem Brothaus Bethlehem. Hier ist Gottes Liebe mit Händen zu greifen in einem Kind, das uns sagt: Mit dir, Mensch, verbinde ich mich und mit allem, was dich bewegt. Ich bin an deiner Seite, im Leben, im Tod und in Ewigkeit. Davon kannst du leben und daraus kannst du dein Leben gestalten. Investiere das!

Das predigt heute einmal mehr Bachs Kantate. Seine Worte in Musik bewegen so unendlich viele Leute hier, sie wärmen, leiten, trösten. Und es ist so oft so, dass es von der West- oder auch der Nordempore wie ein großer Kraftstrom zu uns runterfließt: »Gieß sehr tief in das Herz hinein...« Besonders mit euch, lieber Johannes und Andreas als unseren Kirchenmusikern, dürfen wir das Woche für Woche erfahren. Macht bitte so weiter!

Aber es ist noch mehr gewesen, was mich froh gemacht hat hier an der Thomaskirche, dieses Losgehen von der Krippe und vertrauen: Du wirst ankommen am Ziel. Und verändert bzw. auf anderem Weg wieder zurückgehen. Nur zwei weitere Dinge seien kurz genannt: Wir haben das beim Samstagspilgern nachvollzogen am eigenen Leib. Und auch in der Runde, die jede Woche vorab den Predigttext bespricht. Eine offene Runde voller Lebenserfahrungen! Was für ein Kampf war es manchmal, den wir da mitvollzogen haben, harte geistliche Arbeit ist es, den dunklen und sternenfinsteren Wegabschnitten zu trotzen und weiterzugehen, immer weiter. Was für eine Fülle wartet auf den, der das wagt! Und welches Glück mitzuerleben, wenn Leute den Stern wieder entdeckt haben oder zum ersten Mal in ihrem Leben. Glaube heißt: Ich muss es wagen, ohne zu wissen, wie es ausgeht. Und immer wieder haben wir das Fazit Jesu gezogen: »Es ist der schmale Weg, der zum Leben führt.« Und dass Jesus immer wieder sinngemäß den Leuten sagt, die fragen, wie kann ich selig werden: »Alles, was du festhältst, wirst du verlieren, was du loslässt, wirst du gewinnen.«

Tja, leider ist in uns komplett anderes eingepflanzt. Sicherheit, Sicherheit, Sicherheit! Und: Angst, Angst, Angst vor dem Neuen, vor dem klaren Schnitt, vor der Entscheidung. Auch bei Kirchens ist das nicht anders. Ich weiß nicht, wie oft ich daran verzweifelt bin und auch sauer war auf unsere Kirche, über so wenig Mut und Vertrauen zu den Leuten vor Ort. Ich verstehe es einfach nicht, wie man nicht wie die weise Königin von Saba investieren kann in Gemeinden wie St. Thomas und St. Nikolai, die auf sehr unterschiedliche Weise versuchen, die Weisen und zugleich Suchenden aus aller Welt in Verbindung zu bringen mit dem, was sich uns an der Krippe für unser Leben anbietet. Ich verstehe nicht, warum man nicht ohne Ende investiert in das, was hier passiert, in Personal, in Öffentlichkeitsarbeit usw. Nicht weil wir hier und drüben in Nikolai alle so toll wären, die sich hier jetzt gerade abmühen. Sondern weil mit der jeweils gelebten Tradition in den Brothäusern von St. Thomas und St. Nikolai (man beachte das »und«…) einfach *das da* ist, *was* da ist! Und man sich, wie einst Thomaskantor Georg Christoph Biller sagte, »auch groß beteiligen muss, wenn man an einer großen Sache beteiligt ist«. 120 Zentner Gold dürften dafür mindestens da sein, die heute z. B. »Vakanzfonds« heißen.

Aber lasst euch nicht entmutigen, macht bitte weiter, lieber Kirchenvorstand, so wie wir ja einiges miteinander durchgestanden haben in Momenten, wo man eigentlich nur alles hinschmeißen konnte. Ich habe mich darin von euch immer getragen gefühlt. Denn ich weiß auch: Kritik zu üben nur an denen da hinten wäre wohlfeil. Oft waren auch ich oder waren und sind wir Teil des Problems, sind je nach dem zu zögerlich, zu kompliziert oder auch zu ungeduldig, zu forsch, mit zu spitzer Zunge unterwegs und so weiter.

Aber all das macht unser Herz aus und gehört zu dem, was wir zur Krippe mitbringen! Wir haben nichts anderes. Das Kind legt das Gold in uns frei. Gibt dem Weihrauch unserer Gebete ein Ziel. Hält selbst die Myrrhe bereit für unsere Traurigkeit. Hier kommt alles zusammen in dieser eigenartigen Pracht des Brothauses von Bethlehem. Das mögen die Weisen verstanden haben und die, die aus Saba alle kamen. Mögen auch wir das tun. Denn so werden sich immer wieder Wege eröffnen – wo wir etwas wagen, neu anfangen, auch Schnitte setzen, die weh tun, aber um der Sache willen sein müssen. Die Thomaskirche möge mit Gottes Hilfe immer ein Haus bleiben für die Stadt, wo man Brot bekommt, das Geist und Seele satt macht. Wo Leute innerlich staunen wie die Königin von Saba über den salomonischen Tempel. Denn ja und Gottseidank: Es ist ja alles viel größer als wir, die wir hier die Ehre haben, eine kleine Weile mitzugestalten. Und dann kommen welche, die sind jünger, frischer, belastbarer, gesünder und in der Regel mindestens genauso gut, wenn nicht besser. So oder so: Das Gute ist: Die Thomaskirche mit ihrer Geschichte wird uns alle verkraften!! Allein schon das kann einem Mut geben, die Dinge anzupacken.

Und damit diese mittlerweile schon viel zu lange Predigt ein knappes Ende findet, nur noch ein kurzes Wort zu dem »*Wie*«. Es ist ein Zitat aus unserer Kantate. Es fasst alles zusammen, was wichtig ist für unser aller Wege durch diese Zeit und dann auch dereinst in Ewigkeit. Es ist ein Wort aus der Tenorarie: »Alles, alles, was ich bin, was ich rede, tu und denke, soll, mein Heiland, nur allein Dir zum Dienst gewidmet sein ...«

So möge es sein für uns alle.

Gott packt nicht in Watte

Predigt über Hebräer 4,12–13, Sexagesimä, 31. Januar 2016

Liebe Gemeinde,
das Unwort des Jahres 2015 lautet »Gutmensch«. Wie hat es jemand so treffend gesagt? »Die Deutschen schaffen das: Sie nehmen zwei positive Wörter und machen daraus ein negatives. Das ist verquere deutsche Sprachmathematik: Plus plus plus gleich minus.« (Georg Diez) Das Wort wurde in den 90er-Jahren mal erfunden, als es um das Thema Ethik versus Ästhetik ging – um Kritik an seichten Kirchentagsliedern oder um Bücher wie die von Franz Alt. Wirklich aufgeregt hat das damals aber niemanden. Das ist heute anders – dieses Wort soll verletzen und es soll diskreditieren. Das funktioniert mit einem perfiden Trick. Das Gute wird zum Schimpfwort, das all die treffen soll, die gegen das Schlechte sind – weil sie gleichzeitig verantwortlich gemacht werden für all das Schlechte, das noch übrig ist. Und nicht die, die ein Problem verursachen, finden sich dann oft im Zentrum der Kritik wieder, sondern die, die auf das Problem hinweisen. Sie werden als Spalter und Aggressoren gesehen und für das Fortbestehen des Problems verantwortlich gemacht.

Worte haben also aus sich selbst heraus Macht, je nachdem, wie sie funktionieren und wie sie benutzt werden – positiv oder negativ. So, wie man von einem Unwort getroffen werden kann, kann man ja von einem Wort mit schöpferischer Kraft jahrelang leben oder zehren, denn es bewirkt zugleich, was es sagt. Wenn das schon für das menschliche Wort gilt, um wie viel mehr für das göttliche. Wenn Gott spricht in der Bibel, dann bedeutet das nicht Information, sondern immer Bewegung, Dynamik. Es bewirkt, was es sagt, es schafft zugleich die Dinge, die es bezeichnet, Gott sprach: »Es werde Licht und es ward Licht.« Gott selbst wirkt in seinem Wort. Dieses Verständnis, diese Überzeugung liegt dem Predigttext für heute zugrunde, ein wunderbarer Text über das, was Gottes Wort ausmacht. Und was macht man, wenn man Worte besonders betonen will – natürlich, man fasst sie in Musik. Das tut der Verfasser des Hebräerbriefs, er überliefert uns ein Lied über dieses Thema, und es reizt ihn offensichtlich zu einer speziellen Anstrengung, denn in den drei Versen finden sich im griechischen Text sieben Worte, die sonst nirgends im Neuen Testament auftauchen. Sieben, die Zahl der Schöpfung, der Schöpfungstage – alles, was das Wort Gottes in seiner Einzigartigkeit umfasst. Wir hören die beiden Verse noch einmal:

Denn das Wort Gottes ist lebendig und kräftig und schärfer als jedes zweischneidige Schwert, und dringt durch, bis es scheidet Seele und Geist, auch Mark und Bein, und ist ein Richter der Gedanken und Sinne des Herzens. Und kein Geschöpf ist vor ihm verborgen, sondern es ist alles bloß und aufgedeckt vor den Augen Gottes, dem wir Rechenschaft geben mögen.

Lebendig, kräftig, schärfer als jedes zweischneidige Schwert – so also geht es zu, wenn Gott spricht. So, wie es auch Jesus im Johannesevangelium zu seinen Jüngern sagt:»Die Worte, die ich zu euch geredet habe, sind Leben.« Sie *sind* Leben – und nicht irgendwelche Lebensweisheiten. Die bietet die Bibel an manchen Stellen zwar auch, wie z. B. »Hochmut kommt vor dem Fall …« eine verdichtete menschliche Erfahrung ist, die zeitlos gültig bleibt und sich mit ähnlichen Erkenntnissen aus anderen Kulturen und Religionen berührt. Worte, die Leben sind, lassen sich dagegen eben nicht als ewige Wahrheiten verkünden. Sie sind darin lebendig, dass sie uns in verschiedenen Situationen jeweils unterschiedlich ansprechen. »Der Herr ist mein Hirte, mir wird nichts mangeln«. Dieses alte Wort aus Psalm 23 – es ist viel mehr als nur ein Trostwort, das selbst angesichts des Todes noch seine Gültigkeit behält. Es kann zu einem starken Protestwort werden gegenüber den anderen Herren und Mächten, die mein Leben bestimmen und sagen wollen, wo es lang geht. Es kann dazu aufrütteln, schon jetzt aktiv jeden Mangel zu bekämpfen. Man kann dieses Wort flüstern, schreien, singen, zaghaft oder selbstbewusst aussprechen oder es auch mit Fragezeichen versehen. Aber immer wird es unseren Lebensnerv berühren, unsere Seele aufwecken. Gerade dieses Wort ist und bleibt ein Lebenswort durch alle Höhen und Tiefen hindurch. Konfirmanden verstehen das instinktiv, es ist und bleibt der beliebteste Konfirmationsspruch aller Zeiten.

Gottes Wort – lebendig und kräftig. Damit werden die meisten mitgehen können. Aber auch schärfer als ein

Schwert, bedrohlich? Das stößt auf Widerstand. Und die Versuchung ist groß, bedrohlich wirkende Seiten Gottes aus der Bibel auszublenden und lieber nur von seiner Liebe, seiner Geduld und seinem großen Ja zu uns zu reden. »Gott nimmt dich so wie du bist!« Ich gebe zu: Das predigt sich besser und – und es stimmt ja auch. Aber man muss sich kritisch fragen lassen, ob wir vor lauter Befürchtungen, Menschen vor den Kopf zu stoßen, in unseren Kirchen aus dem Gott, der vielen Eltern als Geheimpolizist Schützenhilfe bei ihrer rigiden Erziehung leisten musste (Gott sieht alles, auch, was die Eltern nicht sehen und er straft), einen nur »allzulieben« Gott gemacht haben. Einen, der keinem etwas tut, der alles hinnimmt und niemals Nein sagt ...

... außer zu den wirklich ganz Bösen, zu denen wir uns selbst natürlich nicht zählen. In seiner ihm eigenen Art hat der Theologe Fulbert Steffensky von unserem Hang zur »Verhaustierung Gottes« gesprochen. Dass wir uns einen Gott wünschen, von dem wir möchten, dass er uns aus der Hand frisst. Aber so einen harmlos lieben Gott kennt die Bibel nicht. Ein Gott, der uns Menschen nur bestätigt, ist ihr fremd. Gott ist immer auch der, der bei jedem von uns Unrecht als Unrecht entlarvt, der Lüge trotz allen Schönredens als Lüge aufdeckt und der sich nicht abfindet mit dem, was wir aus uns und aus unserer Welt gemacht haben. Das wird benannt, schärfer als ein zweischneidiges Schwert. Gott packt nicht in Watte. Man muss ja nur mal die Propheten lesen mit ihren scharfen Angriffen gegen die selbstvergessenen Reichen, die fetten Kühe, wie sie sie nennen, die sich schön eingerichtet haben in ihrem feinen Leben und die das Elend vor ihrer Haustür nur noch insofern kümmert, als sie selbige fest verschließen vor denen, für deren Recht auf Gerechtigkeit sie eigentlich zu sorgen hätten. Da gibt es schon klare, harte Worte, die das benennen, was eintritt, wo Menschen ständig genau entgegen dem handeln, was dieser Welt und auch ihnen selbst untereinander guttun würde. Und was wäre das für ein Gott, dessen Zorn darüber nicht entbrennen würde? Oder der nicht Rechenschaft forderte von uns über das, was uns anvertraut ist?

Vielleicht mag einen der Gewaltkontext abstoßen, in dem diese Worte oft fallen. Auch das zweischneidige Schwert gehört dazu. Aber genau diese Schärfe ist heilsam. Denn Ziel ist nicht, uns damit kleinzuhalten, sondern uns freizumachen auch von aller Selbsttäuschung und Selbstbeschädigung. Gerade Gottes kritisches Wort dient dem Leben, es führt zum Leben und ruft zurück ins Leben. Im Hebräerbrief heißt das – und das steht genau vor unserem Text: Dieses Wort an uns erst führt uns zur Ruhe. Zu einer Ruhe, die wir uns nicht selbst geben können. Wo wir endlich aussteigen können aus diesem ewigen Kreis unserer Selbstrechtfertigungen, unserer Selbstdarstellung, wo wir einfach in Ruhe auch angucken können, was ohne drum herum zu reden im Argen liegt. Und genau das gehört zu unserer Würde, dass wir das können, sofern wir es denn wollen. Dazu passt, was wir am letzten Mittwoch verfolgen konnten, am internationalen Holocaust-Gedenktag. Da veröffentlichte Israels Staatspräsident Rivlin das Gnadengesuch von Adolf Eichmann, das er 1962 kurz vor seiner Hinrichtung an den damaligen israelischen Präsidenten gerichtet hatte. Eichmann erklärt darin, dass er die an den Juden begangenen Gräuel als größte Verbrechen verabscheut und es für gerecht hält, dass die Urheber solcher Gräuel jetzt und in Zukunft zur Verantwortung gezogen werden. Sich selbst sieht er, der die Vertreibung und Deportation der europäischen Juden im großen Stil organisiert hatte, lediglich als Instrument. Wortwörtlich schreibt er da: »Ich war kein verantwortlicher Führer und fühle mich daher nicht schuldig.«

Wie kann jemand wie Eichmann das so sehen? Um es mit den Worten des Wochenspruches zu sagen – das ist nur mit Verstockung des Herzens zu erklären. Da konnte oder wollte einer sein eigenes Verhalten nicht beurteilen. Aber in diesem Zusammenhang kommt es nicht darauf an, ob jemand Unrechtsbewusstsein hat oder ein ethisch völlig orientierungsloser Mensch ist. Erschreckend ist vor allem diese allerletzte Selbstentwürdigung: Nicht mehr Täter seiner eigenen Tat sein zu wollen, sondern willenloser Spielball der Verhältnisse oder des Schicksals. Man muss ja nicht Eichmann sein, um zu begreifen: Es gibt auch so etwas wie die »Würde der eigenen Schuld«. Man tut nicht gut daran, der Versuchung nachzugeben, sich selbst abzusprechen, Subjekt seiner Handlung zu sein und sich selbst so herabzuwürdigen, indem man sich selbst zu einem Maschinenteil degradiert – zu einem lächerlichen Rädchen im Getriebe. Denn da ist nun wirklich kein Zur-Ruhe-Kommen möglich. Das geht nur, wo das ein Wort wie das fünfte Gebot: »Du sollst nicht morden«, klar und eben heilsam durchdringt. Dass es klärt, dass es einen selbst klärt und eindringt in Mark und Bein.

Es gibt dazu eine großartige Gegengeschichte im Alten Testament. Da wird vielleicht eine der infamsten Machtgeschichten erzählt. Die Geschichte von König David und Batseba, die er begehrt. David tötet ihren Mann, seinen Hauptmann Uria, um sie für sich zu gewinnen. Der Prophet Nathan stellt ihn dafür zur Rede – mit der Überzeugungskraft gutgewählter Worte, die ihn ins Herz treffen und die, wie es in unserem Predigttext heißt, Mark und Bein scheiden und Richter der Gedanken und Sinne des Herzens sind: Dass ein Reicher es beim Besuch eines Gastes nicht übers Herz gebracht hat, ein Schaf der eigenen Herde für ein Gastmahl zu schlachten, sondern dazu das einzige Lamm eines Knechtes einfordert. David erkennt: Dieser Mann ist ein Kind des Todes. Nathan sagt ihm: Du bist der Mann. Der mächtige König David erkennt daraufhin seine Schuld und weicht dem Urteil nicht aus. Er wagt es, sein Gesicht zu verlieren. Er entschuldigt nichts, er beschönigt nichts, er vertuscht nichts. All das hätte er mit seiner Macht tun können. Er hätte auch diesen lächerlichen Propheten umbringen können, der ihn damit konfrontiert. Aber er weiß, das bringt ihn nicht weiter. Spätestens ab da wäre sein Leben eine einzige Show, wenn man so sagen will. Es klingt vielleicht ungewöhnlich und sicher unbequem: Aber vielleicht ist es eine der größten Fähigkeiten des Menschen, Schuld nicht nur empfinden zu können, sondern auch, sich davor nicht zu verstecken. In den wohl größten, bewegendsten Worten der Bibel, den Psalmen, heißt es: Gott verachtet den geängsteten Geist und das zerschlagene Herz nicht, sondern baut es auf. Oder eben auch, wie es im Hebräerbrief heißt: Er bringt es zur Ruhe. Unser Versagen, unsere Schuld – sie müssen uns gerade nicht ängstigen, sondern wir können uns Gottes Aufklärung anvertrauen, in aller Klarheit und Schärfe, die schmerzen mag – aber die dann auch wieder leben lässt, lebendig hält und zur Ruhe kommen lässt. Im Evangelium haben wir ja dieses wunderbare Bild vom vierfachen Acker gehört. Dass wir uns Gottes Wort hinhalten, uns von diesem Saatgut des Wortes treffen lassen, in der Hoffnung, dass es Frucht trägt bei uns und etwas Lebendiges auf uns heranwächst, was uns und anderen Nahrung gibt. Der Evangelist Lukas deutet das Gleichnis so, dass es bei einigen auf fruchtbares Land fällt, bei den meisten aber nicht, nicht dauerhaft. Und dass man alles daransetzen möge, seinen Acker gut zu bestellen. Diese urkirchliche Deutung wurde und wird ja immer weiter tradiert. Das hat schon Schärfe und dringt durch. Aber es hat auch in seinem Bildgehalt eine lebendig und kräftig machende Seite, dieses Gleichnis. Ich lege es daher anders aus als Lukas und frage mich, ob es nicht vielmehr in jedem von uns angelegt ist, dieses vierfache Ackerfeld, dass es in uns diese vier verschiedenen Bodenbeschaffenheiten für das Wort Gottes gleichzeitig und nebeneinander gibt. Und dass einiges bei uns eben immer daneben geht und manches verhungert – aber dass das, was trifft, auch hundertfach trägt! Hundertfach – das ist die tröstliche ermutigende Botschaft, das, was ich begriffen habe, was ich aufgenommen habe in Mark und Bein, das wird auch wachsen und aufgehen, auch wenn ich das jetzt vielleicht noch gar nicht sehe, weil der Spross noch so klein ist. Das ist der Ruf und die Einladung dieses Sonntags vom Wort Gottes: Dass wir uns ihm hinhalten wie ein Acker mit all seinen Unebenheiten, auch mit seinen unaufgeräumten Ecken, wo natürlich auch das ein oder andere auf uns fallende Unwort Wurzeln zu schlagen versucht. Lassen wir ihn, Jesus Christus, auf uns wirken, ihn, der selbst das Wort Gottes ist, der logos, lebendig, kräftig und in seinen Worten manchmal schärfer als ein Schwert – aber ohne selbst das Schwert zu nehmen. Es wird aufgehen in uns. Hundertfach – und damit viel mehr, als zu erwarten ist. Und das ist es, was uns ausrichtet auf den Weg des Lebens und der Ruhe.

Das gute Teil erwählen

Predigt über Lukas 10,38–42, Estomihi, 3. März 2019

Als sie aber weiterzogen, kam Jesus in ein Dorf. Da war eine Frau mit Namen Marta, die nahm ihn auf. Und sie hatte eine Schwester, die hieß Maria; die setzte sich dem Herrn zu Füßen und hörte seiner Rede zu. Marta aber machte sich viel zu schaffen, ihnen zu dienen. Und sie trat hinzu und sprach: Herr, fragst du nicht danach, dass mich meine Schwester lässt allein dienen? Sage ihr doch, dass sie mir helfen soll! Der Herr aber antwortete und sprach zu ihr: Marta, Marta, du hast viel Sorge und Mühe. Eins aber ist not. Maria hat das gute Teil erwählt; das soll nicht von ihr genommen werden.

Liebe Gemeinde,
diese Geschichte stößt sicher bei manch einem erst mal auf Widerstand und Unverständnis. Da erfüllt eine Frau ihre Gastgeberpflicht sehr gewissenhaft. Sie »nahm Jesus auf« steht da. Ganz selbstverständlich. Und bringt etwas auf den Tisch. Aber der, dem das zugutekommt – weiß der es überhaupt wertzuschätzen? Lässt es sich schmecken und spricht vielleicht sogar noch mit vollem Mund darüber, dass der Mensch nicht allein vom Brot lebt ... Marta scheint das Los derer zu teilen, die im Stillen so selbstverständlich wie unbemerkt viel bewegen. Wie bis vor nicht

allzu langer Zeit die Frauen, die im Umkreis der drei berühmten »Ks« tätig waren und zum Teil auch noch sind: »Kinder, Küche, Kirche«. Das kann, soll wie nebenbei geschehen. Als *echte* Arbeit gilt bis heute im Grunde nur die *Erwerbs*arbeit – das kann man bis in die Berechnung der Rentenbezüge hinein verfolgen.

Ist die Geschichte auf dieser Linie? Kein Lob für Marta? Sondern nur für Maria? Für die, die scheinbar emanzipiert aus dem geprägten Rollenmuster auszusteigen scheint. Die es wagt, sich hinzusetzen wie seinerzeit ein männlicher Schüler zu Füßen des Lehrers. Bei aller Sympathie auch für Maria – aber es bleibt eine Geschichte, die alle Tatkräftigen schon mal ärgern kann, weil sie sich in Marta wiederentdecken. Nicht nur die Frauen. Diese Geschichte würde auch mit Markus und Martin funktionieren. Sollen also die Marta-Menschen in ihrem Übereifer gebremst werden? Vorsicht vor der Marta in dir selbst?

Wir sind da schon mittendrin in der Auslegungsgeschichte. In der frühen Kirche waren Marta und Maria Sinnbild für die aktive und die kontemplative Seite des christlichen Glaubens. Glaube, der sich im Handeln ausdrückt oder im Hören auf Gottes Wort. Das gerät in dieser Geschichte scheinbar in Konflikt – als ob das eine besser wäre als das andere. Es wurde oft so verstanden, dass Jesus sagt: Maria macht es richtig und Marta falsch. Aber allein: Das steht da nicht. Nein, Maria hat das »gute Teil erwählt«, heißt es. Das »gute« – nicht das »bessere«. Es ist aufschlussreich, in welchen Zusammenhang der Evangelist Lukas die Geschichte stellt. Davor steht die Geschichte des barmherzigen Samariters. Da geht es darum, einem anderen zum Nächsten zu werden – und entsprechend an ihm und für ihn zu handeln. Danach geht es um das Gebet, das Vaterunser. Also gewissermaßen um die innere Seite des Glaubens. Beides hat das gleiche Gewicht, beides gehört zusammen. Dieses Verhältnis ist also geklärt. Das ist wichtig für das Verständnis der ganzen Geschichte. Es gibt kein »besser« oder »schlechter« zwischen Aktion und Kontemplation, also der inneren Besinnung auf den Glauben. Nächstenliebe und Gottesliebe gehören unauflöslich zusammen – so sagt es Jesus immer wieder neu. Dennoch kann es zum Konflikt kommen bei der Frage, was ist wann angemessen, welche Haltung in welcher Situation? Handeln? Hören? Was ist hier und jetzt das »gute Teil«? Und was heißt es, das »gute Teil« zu »erwählen«?

Gucken wir die Geschichte noch mal an. Marta macht alles richtig, sie weiß den Besuch Jesu zu schätzen. Sie ist darauf aus, die Erwartungen der Gäste zu erfüllen. Jedenfalls das, was *sie* dafür hält. Eigentlich ist sie bei sich. Sie »macht *sich* viel zu schaffen«, dieses »*sich*« steht da nicht von ungefähr. Im Grunde geht es nicht um ihre Aktivität, sondern darum, dass sie sich Sorgen macht. Um das, was wir auch von uns kennen: dass ich es richtig mache und gut. Und dass mich bitte die anderen in dem bestätigen, was ich für richtig und gut halte. Wer das von sich kennt, weiß, das hat Folgen in zwei Richtungen: Zum einen werde ich sehr empfindlich. Wehe die Bestätigung bleibt aus! Und zum andern, aber das hängt damit natürlich zusammen, macht es mich gedanklich eng – und vielleicht sogar auch intolerant. Ich sehe an Marta auch die Seite in mir, die es kaum aushalten kann, wenn jemand anders ist oder es anders macht, als ich es machen würde. Denn damit verunsichert mich der andere. Zumindest kann ich sein Verhalten als kritische Anfrage an mich selbst empfinden. Von daher ist es verständlich, dass Marta an dieser Stelle in die Offensive geht, ohne dass sie sich direkt an Maria wendet, die dieses Unbehagen in ihr auslöst. Sie wendet sich in ihrem sehnlichen Wunsch, bestätigt und gesehen zu werden, vielmehr an Jesus: »Warum sagst du meiner Schwester nicht, sie soll *mir* helfen?« »*Mir*«. Da wird es offensichtlich. Es geht gar nicht so sehr um Jesus – es geht um *sie*, die es nicht erträgt, dass Maria nicht tut und denkt wie sie selbst. Und das hat schon etwas Herrisches, nicht von ungefähr heißt der aramäische Name »Marta« auf Deutsch »Herrin«: »Jesus, bitte sage ihr, sie möge doch nach meiner Pfeife tanzen«. Damit macht sie selbst vor Jesus nicht Halt, versucht ihn zu instrumentalisieren bzw. auf ihre Seite zu ziehen. Auch das ist verständlich. Sie muss das tun. Denn im Grunde ist sie ein Mensch, der sich deshalb vor allem *um* sich selbst sorgt, weil er nicht mehr *für* sich sorgt – so wie Maria. Marta steht für den Menschen, der mit sich beschäftigt ist, aber ohne dabei eine Perspektive zu haben, was und wohin will ich eigentlich mit all meiner Mühe. Nun ja: Es ist nun mal so im Leben. Mal haben wir es im Griff und bestimmen aktiv, was wir für andere und uns selbst tun. Und manchmal nicht. Da *werden* wir gelebt, hecheln irgendwie hinterher, versuchen nur noch mitzukommen, verzweifelt wenigstens den kleinen Alltagsdingen gerecht zu werden.

Jesus spricht das Marta gegenüber klar an. Er sagt, was ist. Aber er bürstet sie nicht ab. »Marta, Marta: Du *hast* viel Sorge und Mühe.« Wann redet Jesus mal jemanden in der Bibel gleich zweifach an! Ihm liegt an ihr, ihm liegt an all den umgetriebenen Martas weiblich wie männlich, an all denen, die Sorge und Mühe nun mal *haben*. So *ist* unser Leben eben auch. Das kann man niemandem vorwerfen, auch Jesus Marta nicht. Aber weil es eben immer auch so *ist* – *deshalb* ist auch eins not. Nämlich das, was Maria hinbekommt. Sie erkennt die Situation. Ihre Chance, dem zu begegnen, der das Brot des Lebens ist. Sie begreift: Es ist nicht vorrangig, *seinen* – Jesu – Hunger zu stillen. Sondern zu begreifen und zu realisieren: Er will vor allem *meinen* Hunger stillen. Er kann mir die Last von der Schulter nehmen, mein ewiges Sorgen um mich selbst. *Sein* Wort kann in mir etwas verändern. *Das* will sie erfahren – und zwar jetzt. Das, was mir Leben in Fülle verheißt, was mich frei macht von allen Bindungen – das geschieht immer jetzt, immer im Moment. Nicht später, wenn ich mal dafür Zeit habe. Und so ist die Frage, ob ich mich dem jetzt stelle. Stelle ich mich der Wahl, die ich habe, immer wieder in jedem Moment: Wähle ich das, was das gute Teil für mich ist.

Was Maria genau erwählt hat und was es heißt, das gute Teil zu erwählen, das wird hier nicht gesagt. Aber es ist mit Aufmerksamkeit und einer lernenden Haltung verbunden. Mit dem Vertrauen: Es kann sich etwas entwickeln. Ich muss es nicht machen. Ich muss mich nicht rechtfertigen, muss weder meinen noch fremden Erwartungen genügen. Hören, da sein. Er, Jesus, kommt zu mir, um mir zu dienen. Kann ich das zulassen, kann ich das einfach geschehen lassen?

Das »gute Teil« erwählen. Es hat, denke ich, mit dieser Haltung zu tun. Das ist mehr als nur sich etwas Gutes zu tun, sich etwas zu gönnen wie schönes Essen oder schönen Wein. Das soll man auch und braucht man auch. Aber es geht hier vielmehr darum, etwas zu wählen, das gute Teil, das mich in allen Stürmen des Lebens zu halten weiß. Was mir einen klaren Kompass bietet. Egal was passiert, wenn ich in meinen Sorgen herumschwimme. Ich weiß ja gar nicht, welches Sorgenmeer mich irgendwann noch durchschütteln wird wie eine Nussschale auf wildem Wasser. Dass es da etwas gibt, das mich trotzdem wieder Land sehen lässt. Das Ufer, wo ich weiß: Da will ich hin, da muss ich hin. Da ist das für mich gute Teil meines Lebens.

Ich sehe mit Sorge, dass viele diesen Kompass nicht oder nicht mehr haben in einer Welt, wo wir einerseits ständig wählen müssen, ständig Entscheidungen treffen müssen bis zur Überforderung. Und wo wir dann andererseits froh sind, wenn wir uns auf das zurückziehen können, was uns schon an scheinbar fertigen guten Teilen erreicht. Also an dem, was uns gefällt, was wir gut finden, was wir sympathisch finden. Was uns bestätigt. Da erschöpft sich das »gute Teil« zu wählen dann schnell in nichts anderem als einer Bewertung. Bewerte, kommentiere – nicht nur Facebook fordert ständig dazu auf. Daumen nach oben. Aber damit bewege ich mich dann tatsächlich nur im Spielraum dessen, was ich gut finde, was meinem Geschmack entspricht – und damit das, was *mir* zu schaffen macht. Unversehens finde ich mich wieder in dieser Echokammer, in der ich mundgerecht von Algorithmen ausgewählt nur das bekomme, was mich in meiner Filterblase gefangen hält. Aber damit können mir die Kriterien für das, was not tut, verloren gehen. Auf welcher Basis treffe ich dann Entscheidungen, die eben auch dem entgegenstehen können, was mir im Moment behagt? Wo ich mich um des guten Teils willen überwinden muss und sowohl meine Ansichten als auch meine Aktivitäten auf den Prüfstand gehören? Wie Marta kann einen das in die Enge führen, die den anderen nicht mehr aushalten kann in seinem Anderssein, mit seiner anderen politischen Meinung, mit seiner anderen Lebensweise oder sexuellen Orientierung. Da kann dann nicht nur der politische Konkurrent zum Feind erklärt werden. Da werden dann Unterschiede, bei denen man dennoch zu Kompromissen kommen kann, schnell zu unüberbrückbaren Spaltungen. Der andere wird zur Bedrohung, die Angst, die Sorge um sich selbst, die Sorge, den Ansprüchen nicht zu genügen und genug davon zu haben, legt sich wie ein Schatten auf alle Bereiche des Lebens. Ein Schatten, in dem Populisten sich dann gern aufhalten, wo sie sich einnisten können und sich fett fressen an der Angst.

Auch von daher ist eines not: Das gute Teil wirklich zu erwählen. Es ist viel schwerer, eine gute, eine positive Vision für unsere Gesellschaft zu haben bzw. zu entwickeln, als sich Untergangsszenarien hinzugeben. Da hat die Kirche, da haben wir Christenmenschen, wir Martas, Marias, Markusse und Martins wohl eine wichtige Aufgabe, die genau dort beginnt, wo wir im Moment stehen. Dass wir nicht nur wählen, das Evangelium zu hören, sondern dafür auch einzustehen, auch wenn es uns schwerfällt und uns Widerspruch und Gegenwind einbringt. Auch Maria muss irgendwann natürlich aufstehen, der Platz zu Jesu Füßen bringt es mit sich, ihn auch wieder verlassen zu müssen. Das gewählte »gute Teil« unter die Menschen bringen.

Auch wir müssen es. Aber noch sind wir hier. Hoffen wie Maria, dass es geschieht, dass Gott *uns* hier dient in Wort, Musik, in der Taufe, in der Feier des Heiligen Abendmahls. Es ist gut, dass wir gewählt haben, hierher zu kommen, auch wenn Küche, Haushalt, Familie und anderes warten. Bestimmte Zeiten und Orte sind dafür wichtig, so wie es einst das Haus von Maria und Marta war. Das gute Teil kommt nicht unbedingt zu einem, man muss es wählen, die Quelle seines Glaubens aufsuchen und sich speisen lassen wie Maria. Das mögen wir Marta-Menschen uns gesagt sein lassen für diese Woche.

Raus aus der Opferrolle –
Abschied vom Anspruchsdenken

Predigt über Hiob 2,1–13, Invokavit, 26. Februar 2023

Es begab sich aber eines Tages, da die Gottessöhne kamen und vor den HERRN traten, dass auch der Satan mit ihnen kam und vor den HERRN trat. Da sprach der HERR zu dem Satan: Wo kommst du her? Der Satan antwortete dem HERRN und sprach: Ich habe die Erde hin und her durchzogen. Der HERR sprach zu dem Satan: Hast du acht auf meinen Knecht Hiob gehabt? Denn es ist seinesgleichen auf Erden nicht, fromm und rechtschaffen, gottesfürchtig und meidet das Böse und hält noch fest an seiner Frömmigkeit; du aber hast mich bewogen, ihn ohne Grund zu verderben. Der Satan antwortete dem HERRN und sprach: Haut für Haut! Und alles, was ein Mann hat, lässt er für sein Leben. Aber strecke deine Hand aus und taste sein Gebein und Fleisch an: Was gilt's, er wird dir ins Angesicht fluchen! Der HERR sprach zu dem Satan: Siehe da, er sei in deiner Hand, doch schone sein Leben! Da ging der Satan hinaus vom Angesicht des HERRN und schlug Hiob mit bösen Geschwüren von der Fußsohle an bis auf seinen Scheitel. Und er nahm eine Scherbe und schabte sich und saß in der Asche. Und seine Frau sprach zu ihm: Hältst du noch fest an deiner Frömmigkeit? Fluche Gott und stirb! Er aber sprach zu ihr: Du redest, wie die törichten Frauen reden. Haben wir Gutes empfangen von Gott und sollten das

Böse nicht auch annehmen? In diesem allen versündigte sich Hiob nicht mit seinen Lippen.

Als aber die drei Freunde Hiobs all das Unglück hörten, das über ihn gekommen war, kamen sie, ein jeder aus seinem Ort: Elifas von Teman, Bildad von Schuach und Zofar von Naama. Denn sie wurden eins, dass sie kämen, ihn zu beklagen und zu trösten. Und als sie ihre Augen aufhoben von ferne, erkannten sie ihn nicht und erhoben ihre Stimme und weinten, und ein jeder zerriss sein Kleid, und sie warfen Staub gen Himmel auf ihr Haupt und saßen mit ihm auf der Erde sieben Tage und sieben Nächte und redeten nichts mit ihm; denn sie sahen, dass der Schmerz sehr groß war.

Liebe Gemeinde,
Hiobs Prüfungen und Probleme sind tief und fest im Heute verankert. »Hiobsnachrichten« kommen ständig vor, in den Fernsehnachrichten und auch in unseren Telefonaten und Chats: Dieser und jener hat plötzlich Krebs oder einen Schlaganfall, hat die Frau verloren, den Mann usw. »Hiob gehört zur verwüsteten Landschaft unserer Seele«, sagt der Schriftsteller Elie Wiesel. Was er erlebt, lässt uns fragen nach Leid und Sinn und Gott in all dem – und wie ich selbst in all dem bestehen kann, um nicht irre zu werden. Hiob kommt dabei schon übermächtig daher angesichts dessen, was ihm passiert. Ihm ist alles genommen und er ist so zerschunden, dass seine Freunde ihn nicht wiedererkennen. Und doch sagt er in dem Ganzen nur einen absolut klaren Satz: »Haben wir Gutes empfangen von Gott und sollten das Böse nicht

auch annehmen?« Faszinierend – aber auch erst einmal übermenschlich.

Schauen wir uns das mal genauer an. Hiobs Geschichte wird in der Bibel als großes Drama inszeniert. Hier erleben wir den Anfang und kriegen es gleich mit den Tücken der hebräischen Erzählkultur zu tun. Sie verzichtet auf jegliche Charakterisierungen der Protagonisten, es gibt keine Verstehenshilfen. Anders als im griechischen Drama, wo man alles über die Charaktere erfährt, ihre Motive, ihre Ziele, ihre Überzeugungen und wo alle irgendwie integer sind und am Ende doch alles in die Tragödie führt, weil sie dem, was sie sind, nicht entkommen können. Hier lebt alles nur vom erzählerischen Moment: Man erfährt nichts von dem, was das da eigentlich soll im Himmel. Man hat fast den Eindruck, diese Rahmengeschichte von Gott und dem Satan wird nur erzählt, damit dieser eine Satz fallen kann und klar wird, dass es einzig und allein um Hiob geht: »Haben wir Gutes empfangen von Gott und sollten das Böse nicht auch annehmen?« Es spricht viel dafür, und unser Predigttext spitzt das zu, denn es handelt sich schon um den zweiten Durchgang in Sachen Hiobsnachrichten. Nachdem er schon allen Besitz und seine Kinder verloren hatte, durfte der Satan ihn nun auch persönlich antasten, es spitzt sich also immer mehr zu, und mehr kann man nicht verlieren als Hiob. Bleiben wir also erst mal bei ihm, zumal er von den Geschehnissen im Himmel nichts ahnt und nicht weiß, weshalb er in eine solche Situation kommt. Wie gesagt, Hiob ist da unsere Blaupause, wir wissen es ja auch nicht, warum, wenn so etwas geschieht. Und stellen wir die Frage nach Gottes

Rolle in dem Ganzen erst mal zurück und bleiben bei den Menschen in dieser Geschichte. Denn da ist ja auch noch Hiobs Frau, die ja auch betroffen ist. Zwei Menschen, in denen uns zwei Muster begegnen, wie Menschen denn umgehen mit Hiobsnachrichten. Die Frau, die meint, mit dem Glauben sei das alles nicht vereinbar: »Sage Gott ab und – stirb.« Theaterdonner, Schluss, Ende, stirb, eine Alternative gibt es nicht. »Töricht« nennt Hiob das. Bei allem Verständnis für die erste Reaktion: Wo ich mich dauerhaft meinen Befindlichkeiten hingebe und mich letztlich als Opfer sehe – aus dieser Rolle wieder herauszukommen, das ist ganz schwer. Wer sich da mal hineinmanövriert hat, ob nun aus Schmerz oder Wut oder Trotz, weiß, was ich meine: Es ist wie Sterben auf Raten. Es nimmt einem die Luft.

»Stirb« – kein guter Rat. Hiob weist die leichten Lösungen zurück. Sein Weg sieht anders aus, und im Verlaufe des Buches Hiob wird es immer mehr: Er verhält sich nicht wie ein Opfer. Sondern wie ein Gegenüber zu Gott. Wie sein Ebenbild. Auch wenn sein Leid unaussprechlich ist und seine Freunde vor Traurigkeit verstummen, weil sie ihn nicht mehr erkennen – Hiob vermittelt: Wir sind nicht machtlos, wenn uns Leid trifft. Es ist nur die Frage, wie wir es in unser Leben integrieren. Sie stellt sich jedem von uns auch dann, wenn nur etwas von dem kommt, was gerade die Menschen in Syrien, in der Türkei, in der Ukraine erleiden an täglichen, stündlichen, minütlichen Hiobsnachrichten und die wie er auf den Trümmern ihrer Häuser sitzen, um ihre Familien weinen und damit zu rechnen haben, dass es als nächstes sie selbst trifft. Wie gehe ich damit um, wie kann ich das in mein Leben integrieren? Bin ich wie Frau Hiob mit ihrem »Stirb«, oder wie er? Jeder muss in seinem Leben diese Frage für sich beantworten, obwohl wir uns gern drücken oder mit Ausweichbewegungen beschäftigt sind. Wir kommen nicht drum herum als Menschen. Wenn wir schwer erkranken, wenn wir wissen, der Tod steht auf der Schwelle, dann macht das etwas mit uns, mit unserem Glauben oder auch unserem Unglauben, es schüttelt uns durch. Ist Hiob da ein realistisches Vorbild? Nun, zunächst fällt auf: Nichts an seinem Leid redet er schön. Er gibt ihm auch keinen Sinn. Im Laufe des Hiobbuches wird erzählt: Immer, wo das versucht wird, geht es schief. Vor allem die drei Freunde, die jetzt noch genug Takt und Geduld haben, um nicht in Hiobs Schmerz hineinzureden, versuchen es mit den auch uns geläufigen Erklärungsmustern, die wir nutzen, wenn wir zu schwach sind, einfach Leid mit auszuhalten und stattdessen die Traurigen in Grund und Boden quatschen: Irgendwas hast du bestimmt getan – Gott täuscht sich doch nicht – für irgendwas wird es gut sein ... und dieser ganze Kram, den man als Betroffener überhaupt nicht hören kann, weil er einfach nicht passt und nicht stimmt und es Erklärungen von der Stange sowieso nicht gibt. Für niemanden gilt das Gleiche, unser Leben kommt nicht einem Baukasten mit Fertigteilen gleich, nichts ist fertig, vieles zum Teil schief und krumm, zumindest alles in Bewegung und das bis zuletzt. Gottseidank.

Also: Hiob deutet nichts. Und ein Wort findet sich, das zieht sich durch, um zu untermauern, dass da auch nichts zu finden ist. Es ist alles »ohne Grund«, hebräisch »chinam«. Zweimal kommt es vor, in beide Richtungen – von Gott zu Hiob und von Hiob zu Gott. »Ohne Grund« ist Hiobs Leben verdorben. Es gibt keine Erklärung aus seinem Verhalten heraus. Und »ohne Grund« bleibt Hiob bei der Stange. Er glaubt ohne Hintergedanken. Ohne dass er eine Belohnung erwartet für sein rechtschaffendes Leben. Das Thema des ganzen Hiobbuches ist letztlich die Frage nach einer Frömmigkeit, die ohne Eigennutz ist. Kann der Mensch, kann ein Mensch an Gott festhalten, ohne dass er sich davon einen Nutzen verspricht? Sprich: Macht ein Glaube, der seine Wurzel im Gedanken des Lohnes hat, aus Gott nicht einen Götzen? Hiob weiß: Nur aus Gott empfangen wir, was wir haben und was wir sind. Sich darauf zu verlassen, verheißt uns neue Kraft, wie auch immer unser Leben gerade aussieht und was es dort aufzuräumen gibt. Sich darauf zu verlassen und alles Anspruchsdenken abzulegen – das ist die Alternative zu dem »Stirb« von Hiobs Frau.

Der Psychotherapeut Viktor E. Frankl hat an dieser Stelle eine bemerkenswerte Entdeckung gemacht, quasi im Selbstversuch. Er war jüdischer Herkunft und kam daher 1942 ins Lager Theresienstadt, 1944 nach Auschwitz und von dort in weitere Lager. Er beobachtete an sich selbst und anderen, wie sie mit ihrem Schicksal umgegangen sind. Ihm fiel auf, dass diejenigen eine bessere Chance zum Überleben hatten, die wussten, wozu sie lebten. Er fasste das in die Worte: »Wer ein Warum zu leben hat, erträgt fast jedes Wie.« Für ihn war das der Dreh- und Angelpunkt für ein Überleben in äußerst schwierigen Situationen und er machte es sich später zur Aufgabe, Menschen auf der Suche nach diesem »Warum zu leben« zu begleiten, ob sie nun gläubig waren oder nicht. Hiob scheint mir der Grundtyp des Menschen zu sein, der ein »Warum zu leben« hat. Nun ist das Buch Hiob mit diesem zweiten Kapitel aber nicht zu Ende, sondern die Geschichte beginnt erst. Auch Hiob wird hadern, er wird Gott infrage stellen, und er versucht mit ihm zu rechten. Aber er kennt die ganze Zeit sein Gegenüber und verhält sich auch so. Und diese Haltung, sie ermöglicht Hiob einen neuen Anfang jenseits von Asche, Geschwür und Tonscherbe. Neues Leben in allen Facetten, man lese mal das Ende des Buches.

Und nun: Was ist Gottes Rolle in dem Ganzen? Die Erzählung drängt nicht auf letzte Klärung. Vor allem, weil es hier in erster Linie um Hiob geht. Aber es bleibt doch die Frage nach diesem Szenario im Himmel. Und da ist ein aufschlussreiches Detail zu beobachten: Der Satan, von dem hier alles ausgeht, wird durchgängig als einer der Gottessöhne bezeichnet, also als ein Wesen unter Gott. Er ist in der biblischen Tradition derjenige, der die Aufgabe hat, die Frömmigkeit der Frommen zu prüfen. Dieser Hintergrund scheint auch noch in der Geschichte von der Versuchung Jesu in der Wüste durch, zu Beginn seiner öffentlichen Tätigkeit. Es ist schlicht sein Job, zu prüfen, ob ein Frommer in dem erwähnten hiobschen Sinne »umsonst« glaubt oder Hintergedanken auf Lohn oder Belobigung hegt. Kurzum: Ob er nicht doch an einen Götzen glaubt, statt an den lebendigen Gott. Aber dieser Satan kann nur mit Gottes Erlaubnis agieren, er ist eben gerade kein Gegenspieler auf derselben Stufe mit ihm. Er ist der

»Diabolos« von griechisch »diabolein« (alles durcheinanderwerfen), er ist die Kraft, die uns immer wieder zu verunsichern weiß. Es gibt sie. Aber wir sind ihr nicht auf Gedeih und Verderb ausgeliefert. Der »Diabolos« lässt ab, wo er sich die Zähne ausbeißt wie an Hiob oder eben auch an Jesus, der seinen Gegenspieler sofort erkennt. Letztlich fallen beide nicht auf ihn herein. Hiob ist frei, er tritt auf als der, als der er gemacht ist: Als Gegenüber, als Ebenbild Gottes. Und bei Jesus ist es noch unendlich viel mehr, denn sein Weg durch das Leid und den Tod schafft deren letzten Anspruch auf uns ganz und gar ab. Diesen Weg bedenken wir jetzt in der Passionszeit. Weil er diesen Weg gegangen ist, geht er bis heute auch unsere Wege mit. Gerade auch dorthin, wie es bei Hiob heißt, wo der Schmerz sehr groß ist und wir uns selbst und andere uns auch nicht wiedererkennen. Für ihn gibt es ein Ziel und ein Ende am Kreuz von Golgatha, das zum Baum des Lebens wird.

Vom Gaffen zur Umkehr

Predigt über Lukas 23,32–49, Karfreitag, 15. April 2022

Es wurden aber auch andere hingeführt, zwei Übeltäter, dass sie mit ihm hingerichtet würden. Und als sie kamen an die Stätte, die da heißt Schädelstätte, kreuzigten sie ihn dort und die Übeltäter mit ihm, einen zur Rechten und einen zur Linken. Jesus aber sprach: Vater, vergib ihnen; denn sie wissen nicht, was sie tun! Und sie verteilten seine Kleider und warfen das Los darum. Und das Volk stand da und sah zu. Aber die Oberen spotteten und sprachen: Er hat andern geholfen; er helfe sich selber, ist er der Christus, der Auserwählte Gottes. Es verspotteten ihn auch die Soldaten, traten herzu und brachten ihm Essig und sprachen: Bist du der Juden König, so hilf dir selber! Es war aber über ihm auch eine Aufschrift: Dies ist der Juden König. Aber einer der Übeltäter, die am Kreuz hingen, lästerte ihn und sprach: Bist du nicht der Christus? Hilf dir selbst und uns! Da antwortete der andere, wies ihn zurecht und sprach: Fürchtest du nicht einmal Gott, der du doch in gleicher Verdammnis bist? Wir sind es zwar mit Recht, denn wir empfangen, was unsre Taten verdienen; dieser aber hat nichts Unrechtes getan. Und er sprach: Jesus, gedenke an mich, wenn du in dein Reich kommst! Und Jesus sprach zu ihm: Wahrlich, ich sage dir: Heute wirst du mit mir im Paradies sein. Und es war schon um die sechste Stunde, und es kam eine Finsternis über das ganze Land bis zur neunten Stunde, und die Sonne verlor ihren Schein, und der Vorhang des Tempels riss mitten entzwei. Und Jesus rief laut: Vater, ich befehle meinen Geist in deine Hände! Und als er das gesagt hatte, verschied er. Als aber der Hauptmann sah, was da geschah, pries er Gott und sprach: Fürwahr, dieser Mensch ist ein Gerechter gewesen! Und als alles Volk, das dabei war und zuschaute, sah, was da geschah, schlugen sie sich an ihre Brust und kehrten wieder um. Es standen aber alle seine Bekannten von ferne, auch die Frauen, die ihm aus Galiläa nachgefolgt waren, und sahen das alles.

Liebe Gemeinde,
»Und das Volk stand da und sah zu.« So haben wir es eben gehört im Evangelium. Ein Unschuldiger wird ermordet und seiner Würde beraubt. »Und das Volk stand da und sah zu.« Um den Karfreitag 2022 herum ereignet sich ein einziges großes Karfreitagsgeschehen. Unschuldige Menschen werden ermordet und ihrer Würde beraubt. Liegen am Straßenrand in Butscha, verscharrt in Mariupol und anderswo. Und man steht da und sieht zu. Wie das Volk. Stundenlang gelingt es mir im Alltag, das von mir wegzuhalten. Aber dann hat es mich wieder, ich möchte abwechselnd in die Tischplatte beißen, mit den Fäusten gegen die Wand trommeln und ins Kissen heulen. »Und das Volk stand da und sah zu.« Und ich auch. Stehe hin- und hergerissen zwischen dem Impuls, das muss doch einer aufhalten, und dem Appell des Verstands: Keinen Flächenbrand auslösen. Nichts tun, wo die Folgen unabsehbar sind.

War es auch dieses Hin und Her, in dem das Volk auf Golgatha zugesehen hat? Dass sich da etwas abspielt, von dem man nicht gedacht hätte, dass es so weit kommen würde? Und auch mit der Frage: Wo ist unser Anteil, was haben wir da mitangerichtet? Oder gafft das Volk bloß – so wie wir eben auch sind. Das Abstoßende zieht uns an, der dunkle Drang, dabei zu sein und zuzusehen, wenn das Schreckliche geschieht? Oder ahnen die Leute zumindest, dass da unsere eigene letzte und tiefste Hilflosigkeit erduldet und erlitten wird? So wie ich Lukas verstehe, ist von allem etwas dabei, wenn er schreibt: »Und das Volk stand da und sah zu«. Sehr nüchtern beschreibt er das mit dem griechischen Verb »theoreo«. Das kennen wir von »Theorie«. Sie schauen sich das an, betrachten es aus der Distanz. Merkwürdigerweise berichtet Lukas davon, ohne sich zu entrüsten, während Matthäus und Johannes das Volk »geifern« lassen. Das Volk hebt sich sogar vorteilhaft ab von all denen, die zur Schande der öffentlichen Hinrichtung auch noch den Spott hinzufügen. Dreimal dieses zynische »Hilf dir selbst«. Von den Oberen. Von den Soldaten. Von dem Mitgekreuzigten. Nur das Volk sieht zu.

Lukas reiht uns ein. Wir sollen zusehen. Weil es drauf ankommt, dass uns die Augen geöffnet werden. Und zwar mehr noch als das offensichtlich auch damals dem Volk geschehen ist. Von jener Menge heißt es am Ende: »Da sie sahen, was da geschah, schlugen sie sich an die Brust und kehrten wieder um.« Will heißen: Sie haben am Ende tiefer gesehen als am Anfang. Sie sind mitgenommen, betroffen. Sie kehren um. Sie bekehren sich. So wie der eine Übeltäter. Und auch der Hauptmann unter dem Kreuz. Sie verstehen, was da wirklich passiert an diesem einen besonderen Karfreitag, der die Welt auf den Kopf stellt. Lukas legt das großartig an: der dreifachen Verspottung korrespondiert eine dreifache Bekehrung. Und Jesus weist dreimal über das Jetzt und Hier hinaus, er kündigt an, was angesichts des äußeren Bildes undenkbar ist und was der distanzierte Betrachter mit diesem Geschehen nicht in Verbindung bringen kann: Dass hier etwas vergeben werden kann. Dass hier das Paradies ganz nahe ist. Er bittet für seine Peiniger um Vergebung. Er kündet vom Paradies als dem Ort der Erlösung, der auch dem Schuldigen offensteht. Und er wirft sich und alles, was hier passiert und alle, die hier beteiligt sind, in Gottes Arme.

Das mag uns heute mitten im Karfreitagsgeschehen 2022 Trost geben: Dass wir uns zu dem Volk stellen, dass wir wirklich hinschauen auf das, was hier passiert, und dann verändert gehen können. Dass wir uns die Augen öffnen lassen für die unergründliche Tiefe dieser Geschichte. »Ich sehe die Tiefe, aber ich kann nicht auf den Grund kommen«, so hat es der Kirchenvater Augustinus mal gesagt, das Meer vor Augen. Auch wir werden dem Geheimnis des Karfreitags nicht auf den Grund kommen. Aber seine heilsame Tiefe, die können wir sehen, wenn wir uns von Lukas die Augen öffnen lassen.

Da steht zunächst über all dem Geschehen der Gekreuzigte, der seine eigenen Henker entschuldigt: »Vater, vergib ihnen, denn sie wissen nicht, was sie tun.« Wussten, wissen sie es wirklich nicht? Dass sie da gerade einen unschuldig Verurteilten zwischen zwei Verbrechern hinrichten, das können sie wissen. Dass sie unmenschlich handeln, sich zum Handlanger machen. Dass sie auch als Erfüllungsgehilfen, ob auf Golgatha oder in Butscha eine Verantwortung haben, das können sie alles wissen, aller möglichen Propaganda zum Trotz: Das weiß ein Mensch, der noch einen Funken Menschliches in sich hat. Auch ein Putin weiß genau, was er tut. Und die, die es ausführen, auch – wer auf der Straße unschuldige Menschen erschießt, misshandelt, aushungert, wer Bomben wirft auf Krankenhäuser usw. Es kann keine Entschuldigung geben menschlicherseits für all das, was da geschieht. Das schwant uns als Zuschauenden bei den in der Ukraine verübten Massakern. Und auch bei denen, wo wir wahnsinnig gut darin waren, uns kaum für sie zu interessieren wie in Grosny und in Syrien. Wo wir nicht mal oder kaum mehr hingesehen haben. O ja, die das verantworten und die zusehen, wissen genau, was sie tun. Aber eines wissen sie tatsächlich nicht, die da agieren in dieser Passionsgeschichte des Lukas: Sie wissen wirklich nicht, dass dieses so entsetzlich entstellte Menschenantlitz das Ebenbild Gottes ist. Dass uns aus diesem Haupt voll Blut und Wunden, voll Spott und voller Hohn Gottes eigenes Gesicht entgegenblickt. Das wussten sie nicht. Das konnten sie auch nicht wissen. Und deshalb wird die Leidensgeschichte Jesu von Lukas zwar in ihrer ganzen Schrecklichkeit erzählt, aber – und das ist entscheidend – ohne jeden Vorwurf. Mehr noch: Da wird nicht nur kein Vorwurf laut, sondern da werden Menschen in einem unvergleichlichen Sinn entschuldigt. Da wird ihre Schuld von ihnen genommen. Sie *wissen* nicht, dass sie in Jesus Gott, den Allerhöchsten erniedrigen. Dass sie die ganze Weltordnung auf den Kopf stellen. Gott am Kreuz – die Umwertung aller Werte. Nein, das wussten sie nicht, die das taten.

Wissen wir es? Erkennen wir, dass hier im tiefsten Dunkel eine Wahrheit aufleuchtet, die tief in unser Leben eingreifen kann und will? Was wir hier sehen, ist mehr als nur das Beispiel eines Gerechten, der sich selbst und seiner Sache im bittersten Leiden treu geblieben ist. Schon allein das könnte uns zwar stärken, sollten wir in solch eine Situation kommen. Aber sie ist mehr, diese Geschichte. Und sie ist auch mehr, als dass sie uns zeigt, wie es eben nicht sein soll unter uns und wie es eben doch immer wieder ist – wie jetzt in der Ukraine. Ja, sie ist auch ein dramatischer Aufruf zur Solidarität mit denen, die unschuldig leiden. Aber sie ist so unendlich viel mehr, diese Geschichte. Und das gilt es zu sehen, um herauszukommen aus der Distanz und es in sich aufzunehmen wie das Volk bei Lukas. Sie ist beispiellos. Sie hat den unsterblichen und ewigen Gott selbst in unser menschliches Elend und in unseren Tod hineingezogen. Er teilt die Schande, die eigentlich unsere Schande ist. Dafür steht, dass er seiner Kleider beraubt wird. Der Gekreuzigte muss zusehen, wie sie sie verlosen. Ein äußerlicher Vorgang mit einer inneren Wahrheit. Denn in jener Zeit verstand man das so, dass man mit der Kleidung nicht seinen Körper kleidete, sondern seine Person. Es ging darum, sich als Mensch damit zu schützen. Vor allem möglichen, auch vor dämonischen Mächten. Wurde man der Kleidung beraubt – wurde man ganz und gar bloßgestellt. Gott selbst wird bloßgestellt. Er wird entblößt: Und sie profitieren davon. Gerade so soll er der Retter der Welt sein. Er geht an unsere Stelle – und wir profitieren davon. Der eine Schächer, der versteht es. Der erblickt es, was Jesus da auf sich nimmt: Was er verursacht hat. Er trägt es. Für mich. Für uns. Wo ich das erkenne, ist das Paradies nahe. Und das ist genau die Mitte dieser Geschichte, inhaltlich und auch kompositorisch: »Heute noch wirst du mit mir im Paradies sein.«

Das nennt die Bibel Vergebung. Und was es heißt, sie zu verstehen: Sie gilt mir, meiner Not, meiner Schuld, meiner Distanz, meinem Gaffen. Das ist das tiefe Geheimnis und die leuchtende Wahrheit des Karfreitags, dieses dunkelsten Tages der Weltgeschichte. Nur Gott kann das tun. Nur Gott kann vergeben. Wir können nur um Vergebung bitten – so wie Jesus. Der Schöpfer selbst hat sich bloßstellen lassen, um uns mit dem Wertvollsten zu bekleiden, was er hat: der Vergebung. Und der Liebe. Wir bleiben darin wie in einem schützenden Gewand. Wer davon mitgenommen wird, wer davon berührt wird, wie das Volk, der muss nicht stecken bleiben in einem Leben voller Selbstvorwürfe. Der muss nicht wie geschockt an dieser makabren Schädelstätte verharren. Seit dem Karfreitag von Golgatha sind wir mitgenommen mit und trotz allem, was man uns vorwerfen kann und was wir uns selbst vorwerfen. Sind wir mitgenommen als Volk, das immer wieder nur zusehen kann und wird.

Und: Wir sind mitgenommen in das, was unweigerlich kommen wird. Denn dass Lukas dreimal davon erzählt, dass Jesus erniedrigt wird und dreimal davon, dass Menschen sich angesichts dieses Geschehens bekehren, deutet unweigerlich darauf hin, dass es noch eine dritte Dreiheit geben wird. Dass auch hier das geschehen wird, was sich durch die ganze Bibel zieht, wenn etwas ganz Neues kommt. Drei Tage dauerte die ägyptische Finsternis als neunte von zehn Plagen. Drei Tage war Jona im finsteren Bauch des Wals. Nach drei Tagen wird das Leben neu. Ganz neu. Das Volk, das gesehen hat, setzt sich in diese Richtung in Bewegung. Sie können herauskommen aus ihrer Distanz, der Trost dieser Geschichte trägt sie von innen. Jetzt noch unter dem Kreuz. »Und als alles Volk, das dabei war und zuschaute, *sah* – als es wirklich *sah* – was da geschah, schlugen sie sich an ihre Brust und kehrten wieder um.«

Vom österlichen Korrektiv unseres Denkens

Predigt über Matthäus 28,1–10 und Bachkantate
»Christ lag in Todesbanden« (BWV 4), Ostersonntag, 16. April 2017

Als aber der Sabbat vorüber war und der erste Tag der Woche anbrach, kamen Maria Magdalena und die andere Maria, um nach dem Grab zu sehen. Und siehe, es geschah ein großes Erdbeben. Denn ein Engel des Herrn kam vom Himmel herab, trat hinzu und wälzte den Stein weg und setzte sich darauf. Seine Erscheinung war wie der Blitz und sein Gewand weiß wie der Schnee. Die Wachen aber erbebten aus Furcht vor ihm und wurden, als wären sie tot. Aber der Engel sprach zu den Frauen: Fürchtet euch nicht! Ich weiß, dass ihr Jesus, den Gekreuzigten, sucht. Er ist nicht hier; er ist auferstanden, wie er gesagt hat. Kommt und seht die Stätte, wo er gelegen hat; und geht eilends hin und sagt seinen Jüngern: Er ist auferstanden von den Toten. Und siehe, er geht vor euch hin nach Galiläa; da werdet ihr ihn sehen. Siehe, ich habe es euch gesagt. Und sie gingen eilends weg vom Grab mit Furcht und großer Freude und liefen, um es seinen Jüngern zu verkündigen. Und siehe, da begegnete ihnen Jesus und sprach: Seid gegrüßt! Und sie traten zu ihm und umfassten seine Füße und fielen vor ihm nieder. Da sprach Jesus zu ihnen: Fürchtet euch nicht! Geht hin und verkündigt es meinen Brüdern, dass sie nach Galiläa gehen: Dort werden sie mich sehen.

1. Sinfonia
Violino I/II, Viola
I/II, Continuo

**2. Coro Versus 1 S
A T B**
Violino I/II, Viola
I/II, Cornetto col So-
prano, Trombone I
coll' Alto, Trombone
II col Tenore, Trom-
bone III col Basso,
Continuo

Christ lag in Todesbanden
Für unsre Sünd gegeben,
Er ist wieder erstanden
Und hat uns bracht das Leben;
Des wir sollen fröhlich sein,
Gott loben und ihm dankbar sein
Und singen halleluja,
Halleluja!

3. Versus 2 S A
Cornetto col So-
prano, Trombone I
coll' Alto, Continuo

Den Tod niemand zwingen
kunnt
Bei allen Menschenkindern,
Das macht' alles unsre Sünd,
Kein Unschuld war zu finden.
Davon kam der Tod so bald
Und nahm über uns Gewalt,
Hielt uns in seinem Reich
gefangen.
Halleluja!

4. Versus 3 T
Violino I/II, Conti-
nuo

Jesus Christus, Gottes Sohn,
An unser Statt ist kommen
Und hat die Sünde weggetan,
Damit dem Tod genommen
All sein Recht und sein Gewalt,

Da bleibet nichts denn Tods Gestalt,
Den Stach'l hat er verloren.
Halleluja!

5. Coro Versus 4 S A T B
Continuo

Es war ein wunderlicher Krieg,
Da Tod und Leben rungen,
Das Leben behielt den Sieg,
Es hat den Tod verschlungen.
Die Schrift hat verkündigt das,
Wie ein Tod den andern fraß,
Ein Spott aus dem Tod ist worden.
Halleluja!

6. Versus 5 B
Violino I/II, Viola I/II, Continuo

Hier ist das rechte Osterlamm,
Davon Gott hat geboten,
Das ist hoch an des Kreuzes Stamm
In heißer Lieb gebraten,
Das Blut zeichnet unsre Tür,
Das hält der Glaub dem Tode für,
Der Würger kann uns nicht mehr schaden.
Halleluja!

7. Versus 6 S T
Continuo

So feiern wir das hohe Fest
Mit Herzensfreud und Wonne,
Das uns der Herre scheinen lässt,

Er ist selber die Sonne,
Der durch seiner Gnade Glanz
Erleuchtet unsre Herzen ganz,
Der Sünden Nacht ist verschwunden.
Halleluja!

8. Versus 7 S A T B Wir essen und leben wohl
Violino I/II e Cor- In rechten Osterfladen,
netto col Soprano, Der alte Sauerteig nicht soll
Viola I e Trombone I Sein bei dem Wort der Gnaden,
coll' Alto, Viola II e Christus will die Koste sein
Trombone II col Te- Und speisen die Seel allein,
nore, Trombone III Der Glaub will keins andern leben.
col Basso, Continuo Halleluja!

Liebe Gemeinde,
»Es ist Musik von herrlicher Verächtlichkeit.« So schreibt es John Eliot Gardiner über die eben gehörte Kantate in seinem Buch »Musik für die Himmelsburg«. »Musik von herrlicher Verächtlichkeit«. Er bezieht das vor allem auf die Stelle im sechsten Vers. Genau in dem Augenblick, wo der Glaube mit dem Tod vor seiner schwersten Prüfung steht, verlangt Bach dem Bass einen Sprung um eine verminderte Duodezime zum tiefen Eis ab. Und gleich darauf, um die Kampfansage an den Tod noch zu unterstreichen, wird dem Sänger auferlegt, fast zehn Schläge lang in voller Lautstärke ein hohes D auszuhalten, bis alle Luft

aus den Lungen entwichen ist. »Musik von herrlicher Verächtlichkeit« – der Tod wird verlacht, »ein Spott aus dem Tod ist worden«, wie es in Vers 4 heißt. »Da bleibet nichts, denn Tods Gestalt« – genau da lässt Bach die ganze Musik anhalten, auf diesem »Nichts« – wir haben es gehört.

So wie Bach Luthers Osterchoral auf musikalische Weise vertieft, tut es auch der Evangelist Matthäus. Auch er benutzt eindrucksvolle Bilder für das, was Ostern für uns bedeutet. Was er zu erzählen weiß, unterstreicht vor allem die kosmische Dimension des Ostergeschehens. Da bebt die Erde, da kommt ein Engel vom Himmel wie der Blitz, da ist helles Licht – obwohl die Nacht gerade angebrochen ist. Die Grenzen dessen, was wir als normal kennen, werden gesprengt. Der Engel hat überirdische Kräfte, wälzt mal eben vor den Augen aller Beteiligten den schweren Stein vom Grab und setzt sich drauf. Eine Geste »herrlicher Verächtlichkeit« gegenüber dem Tod. Es kümmert ihn nicht, dass dieser Stein von Menschen vorher mit großer Mühe vor die Öffnung des Grabes gesetzt worden ist. Und dass er obendrein noch bewacht werden sollte, damit der Tote mit all seinen Ansichten und Botschaften bitte dort bleibe, wo er ist. Festgenagelt hatten sie Jesus schon am Kreuz. Aber jetzt wollten sie ihn auch noch im Tod hinter Schloss und Riegel bringen. Man weiß ja nie. Mit welcher Leichtigkeit setzt sich der Engel gegenüber dem größtmöglichen menschlichen Bemühen durch, den Pfropfen endgültig draufzusetzen auf das, was auf keinen Fall mehr leben und nie wieder ans Licht kommen soll: die Predigt eines Menschen, der allen Despoten und Menschenverächtern die Stirn geboten hat, der allen, die die

Macht über diese Welt für sich reklamiert haben, eine glasklare Antwort gibt. Setzt sich einfach auf den Stein und macht damit diesen Versuch lächerlich: »Ein Spott aus dem Tod ist worden«.

Und zu einem Spott ist auch die Motivation derjenigen geworden, die diese Wachen beauftragt hatten. Spott über ihre Angst vor anderen als den eigenen Gedanken und Überzeugungen. Über ihre hilflosen Versuche, zu unterbinden, was nicht totzukriegen ist. Da sind die Römer von damals keine Ausnahmen. Aber dazu später noch.

Die ganze Geschichte wird von Matthäus mit einer erstaunlichen Nüchternheit erzählt. Aber auch wenn wir das mit der von Luther und Bach im sechsten Vers der Kantate gebotenen »Herzensfreud und Wonne« hören, fragt man sich natürlich schon: Wie kann das sein? Was da erzählt wird, durchbricht die Gesetze, die wir kennen: Engel kommen nicht einfach vom Himmel herab. Und Tote verschwinden nicht aus Gräbern.

Ja, wenn wir es allein so sehen, dann ist diese Geschichte an dieser Stelle zu Ende. Aber müssen wir es so sehen? Was hier erzählt wird, ist nur eine Annäherung an ein Geschehen, das zwar erfahren werden kann, aber letztlich nicht in Worte zu fassen ist. »Der Mensch hat eine Erfahrung gemacht und nun sucht er die Geschichte zu dieser Erfahrung«, so hat es Max Frisch sinngemäß mal gesagt. Und es stimmt: Was wir von unseren Erfahrungen erzählen, sind immer nur Geschichten, aber es ist nie das Geschehen an sich. Das ist der Schlüssel zu allen Ostergeschichten der Bibel, nicht nur zu dieser. Hier geht es um das, was *die drei Frauen* erfahren haben. Das »Wie« der

Auferstehung wird nirgends in der Bibel beschrieben. Wir hören nur davon, was Menschen für sich begriffen haben, die dem Auferstandenen begegnet sind. Anders ausgedrückt: Ostern geht es nicht um die mirakelhafte Rückkehr eines Toten. Um das unendliche Fortexistieren eines Menschen, der auf einmal wieder da ist. Worüber man eigentlich in der Tat nur erschrecken kann. Oder wo man sich, wie alljährlich in den österlichen Titelgeschichten der Magazine zu lesen, in allerhand Spekulationen darüber ergeht, was für ein Trick dahinterstecken mag oder was die Anhänger dieses gescheiterten Rebellen sich da ausgedacht haben mögen. Das sind alles Fragen, mit denen man sich lebenslang im Kreis drehen kann, ohne auch nur einen Schritt weiterzukommen – außer vielleicht in Richtung eigenes Grab.

Ostern geht es gerade darum, sich herausholen zu lassen aus den gedanklichen Sackgassen des Lebens. Die Frauen erleben das zunächst als Erschütterung ihrer Welt. Verständlich: Neues verursacht immer Furcht und Irritationen. Neue Erfahrungen mit Gott sowieso. »Fürchtet euch nicht« – was der Engel den Frauen sagt, kommt deshalb so oft in der Bibel vor. Aber sie hören auch noch etwas sehr Vertrautes. Sie sollen weggehen vom Grab, von dem Ort, wo man glaubte, ihm und seiner Botschaft ein Ende setzen, ihn beerdigen und versiegeln zu können. Sie sollen an den Ort gehen, wo er lebte und wo sie leben. An den Ort, an dem sie von Jesus schon einmal gerufen worden waren.

Das ist etwas Entscheidendes in den Ostergeschichten. Abseits des leeren Grabes sollen wir erfahren, was Ostern heißt. Das leere Grab allein beweist nichts, es führt einen auf die falsche Fährte. Vielleicht kommt man bestenfalls zur Erkenntnis, dass es Wunder gibt oder Dinge, die sich dem Verstand nicht ohne Weiteres erschließen. Aber zum Glauben an den Auferstandenen kommt man dadurch nicht. Die Botschaft an die Frauen lautet: Seht *selbst. Seht, versteht, erlebt* die Auferstehung *selbst.* Diese Möglichkeit sollen *alle* Jünger bekommen. »Meine Brüder« nennt sie der Auferstandene. Das ist schon erstaunlich nach allem Vorhergehenden. Denn sie waren ja die, die in die Dunkelheit geflüchtet waren, als ihr Meister abgeholt wurde. Sie waren es, die ihn verleugnet hatten bis der Hahn krähte, sie waren es, die sich verdrückt hatten, als er am Kreuz starb. Aber sie sollen es sein, die davon weitersagen, *diese* Brüder – und Schwestern.

Das ist ein Auftrag, der sich an uns Heutige weitervererbt hat. Was heißt das für uns? Ich meine, zweierlei. Zum einen: Wir begegnen dem Auferstanden dort, wo wir leben. Was er den Frauen sagt, ist dies: Er lässt sich in unserem Alltag sehen. Und es bedeutet zum anderen: wir begegnen ihm als die, die wir *sind.* Wir müssen nicht erst noch Heilige werden oder geläutert, nein, wir sind nicht anders als die Jünger, denen Jesus bestätigte: Der Geist ist willig, aber das Fleisch ist schwach. Es stellt sich also für jeden von uns die Frage. Wo ist mein Galiläa? Zuhause, in der Schule, bei der Arbeit, bei den Menschen, mit denen ich lebe. Da will er uns begegnen. Und wie? Ich denke, für uns kann das konkret nichts anderes heißen als das, was es für die Jünger damals geheißen hat. Nämlich an das anzuknüpfen, was sie von Jesus selbst gehört hatten: an die

Botschaft der verlässlichen Nähe und Liebe Gottes zu ihrem Leben. Dafür wollte Jesus Menschen gewinnen. Dafür sollten die Jünger in Galiläa nun ihr Leben so in die Hand nehmen, wie Jesus es gemeint hat. Und erfahren, dass er dabei als der Lebendige mitten unter ihnen ist. Das kann vielleicht dort sein, wo einer, der nicht mehr weiß, wo ihm der Kopf steht und ob er das noch alles schafft mit seinem Leben, trotzdem wagt, mit einfachsten Routinearbeiten anzufangen. Wodurch dann aber der Abend schon anders sein wird als es am Morgen ausgesehen hat. Es kann geschehen, wo einer sich trotz schwerer persönlicher menschlicher Enttäuschungen nicht resigniert zurückzieht und sagt: Die Welt ist schlecht. Sondern wo jemand erfährt: Die Rückkehr ins Leben kann gelingen, ich habe es wieder in der Hand, mein Leben zieht nicht einfach so an mir vorbei, ich kann gestalten. Es kann geschehen, wo man immer wieder neu lernt, auf die Worte Jesu zu hören, auf die Lebensworte, die einfach wahr sind. Auf Worte aus dem Zentrum Galiläas wie die der Bergpredigt: Selig sind, die um ihre Armut wissen, denn nur sie können gütig sein und sich anderen öffnen voller Erbarmen. Selig sind, die nicht auf Vergeltung aus sind, sondern der Spirale der Gewalt und des sich offen auslebenden Hasses ihre Kreativität und ihren Mut entgegensetzen. Die nicht aufhören, daran zu glauben, dass sich diese Kräfte gegenüber der Lüge und den tödlichen Gesetzen von Gewalt und Gegenwalt, von »Wie du mir – so ich dir« durchsetzen werden. Es geht darum, die Worte Jesu zu hören und sich von ihnen ermutigen zu lassen, kreativ, schöpferisch und beweglich zu sein in Gedanken, Worten und Werken. Das bedeutet, dem Auferstandenen zu begegnen. Aus dieser Kraft wird es möglich, den vermeintlichen Eigengesetzlichkeiten dieser Welt etwas entgegenzuhalten. Auch denen, die wirklich nicht so ohne Weiteres zu durchbrechen sind. Aber wo wir diesen vermeintlich unveränderlichen Gesetzlichkeiten mehr vertrauen als der österlichen Realität und den in uns vorhandenen kreativen gedanklichen und anderen Möglichkeiten, dort sind wir noch gänzlich in den Fängen des Todes. So hatten wir in diesem Jahr im Pfarramt doch einige Anrufe mehr als sonst in der letzten Woche. Ob es denn sicher sei, die Thomaskirche zu Ostern zu besuchen? Bei den ganzen Anschlägen in der letzten Zeit – London, St. Petersburg, Stockholm? Der Anschlag auf die koptische Kirche in Ägypten, jetzt auch noch ein Sprengstoffanschlag auf die Fußballmannschaft von Borussia Dortmund? All das doch nur mit dem einen Ziel: Die Zerstörung von Vertrauen und Sicherheit, Anschläge auf eine freie und offene Gesellschaft – was plant ihr dagegenzusetzen? Ich weiß nicht, wie weit es uns gelungen ist, diejenigen, die da wirklich verunsichert sind, zu beruhigen. Denn wir können nur sagen: Was wir dagegensetzen, ist unser Ja zu einem freien, offenen Leben. Und dass wir uns von diesen Todesmächten, die da heißen Misstrauen, Verunsicherung, Lebensangst nicht beugen werden. Freiheit hat auch ihren Preis, das Leben zu leben ist gefährlich. Aber an einem aus lauter Angst ungelebten Leben stirbt man erst recht. Natürlich: Die Bilder von diesen Anschlägen stehen uns vor Augen, und in Syrien haben wir den Tiefpunkt menschlicher Unmenschlichkeit verfolgen müssen: Gift auf Menschen. Seit Jahren stehen wir bei dem, was da geschieht, da und wissen nicht, was tun. Und leider steht uns dabei eben auch immer wieder die tödliche Seite vereinnahmter Religion vor Augen, in Teilen des Nahen Ostens gibt es auf der ganzen Fläche keine Christen mehr und auch andere, auch Muslime müssen um ihr Leben fürchten vor denen, die sich für ihre Zwecke der für Gewalt anfälligen Seiten von Religion bemächtigen.

Wie dringend braucht unser Denken ein österliches Korrektiv, um sich von den Gesetzen des Grabes und der Todesverfallenheit zu trennen und vom Leben her zu denken! Ostern geht's um den Aufbruch aus solcherlei Grabesstimmung und aus einem Gefangensein, wie es uns Bach im zweiten Vers der Kantate in die Ohren gemalt hat in der dissonanten Verkeilung von Sopran- und Altstimme: »hielt uns in seinem Reich gefangen«.

Natürlich: Mit der Freude bleibt auch die Furcht. Das ist ernst zu nehmen und Matthäus tut das auch: Im Weg der Frauen zum Grabe und vom Grabe weg, in ihrer Begegnung mit dem Engel und Jesus selbst, ist die bleibende dynamische Existenz der Glaubenden abgebildet. Immer wieder führt unser Weg auch in Angst und Trauer, überall drohen auch Stillstand und Wege in die Sackgasse. Auch das Leben desjenigen, der von der österlichen Erfahrung herkommt, ist nicht durchgängig von Enthusiasmus bestimmt. Aber es ist getragen von einer Zuversicht, die dürrer Stumpfheit, entleertem Realitätssinn, vermeintlich unverbrüchlicher Eigengesetzlichkeit und der Haltung »Mit dem Tod ist alles aus, deshalb nimm alles mit, was geht« etwas entgegenzusetzen weiß.

Dann können wir mit Lust und Liebe Kreativität entwickeln auch im Umgang mit den Dingen, die uns das Leben schwer und sauer machen. Sie sind da, aber sie haben ihre letzte Macht und ihren Anspruch auf uns schon verloren. Der Tod und seine Mächte sind schon besiegt. Der Engel Gottes sitzt schon auf dem schwersten aller Steine.

Immer mit der Ruhe:
Schöpfung ist immer!

Predigt über 1. Mose 1,1–4.26–28.31a und 1. Mose 2,1–4,
Jubilate, 8. Mai 2022

Liebe Gemeinde,
wir brauchen alle unsere Erfolge. Wo klar ist: Was ich einsetze an Kraft, lohnt sich. Und was ich mir überlegt habe, funktioniert. Und wo ich hartnäckig drangeblieben bin, das zahlt sich irgendwann aus. Das freut mich, das bestätigt mich. Das brauche ich. Vielleicht weniger von anderen. Aber vor mir selbst, dann geht es mir gut. Aber – und auch das kennen wahrscheinlich alle – wirklich weiter bringt einen das auf Dauer nicht. Wo ich bestätigt werde, spüre ich schnell den Drang: Mehr davon bitte! Und wenn das ausbleibt, kann mich das verunsichern. Etwas anderes bringt mich weiter als Mensch, der sich entwickeln kann, der weiterkommen, weitersehen und dann vielleicht auch noch weiterwachsen kann. Bisweilen über sich hinaus. Wir reifen eher an unseren Niederlagen. An und in unseren Krisen. Warum ist das so? Weil wir nachdenken müssen über das Wesentliche. Was ist mir wirklich wichtig? Und was sagt mir meine Erfahrung, was hat mir beim letzten Mal geholfen, als ich tieftraurig war, entmutigt, voller Selbstzweifel oder wo ich anderweitig aus der Bahn geraten bin? Wir sind dann dünnhäutiger, aber eben auch in einem guten Sinne empfindlicher. Und auch – auch das gehört heilsam dazu – selbstkritischer, wir ge-

hen mit uns selbst ins Gericht. Es muss sich etwas klären für den Weg nach vorn. Unser heutiger Predigttext ist in solch einer Situation entstanden. Der große erste Schöpfungsbericht in der Bibel. Der will Menschen in einer solchen Situation erreichen, will sie seelisch und geistlich wieder auf die Beine stellen. Dass sie sich ihres Lebens und ihres Gottes wieder vergewissern können. Da waren die Israeliten im babylonischen Exil, die alles verloren hatten, ihre Heimat Jerusalem, ihren Tempel, ihre Häuser, Familien und die sich wiederfanden in einer fremden Kultur mit fremden Göttern. Waren diese Götter am Ende doch stärker? Was war ihr Gott für ein Gott, der doch einst das Volk aus Ägypten befreit hatte und nun offenbar tatenlos zusah, wie man in der neuen Gefangenschaft nach und nach seine Identität als Volk Gottes aufgab und aufging in diesem seltsamen Vielgötterstaat? Man war verunsichert. Aber man musste auch neu nachdenken, sich auseinandersetzen mit all dem, womit man konfrontiert war und worauf es nicht mal so schnell eine Antwort gab. Und so galt es, diese Menschen aufzubauen, neu auszurichten und einige Gelehrte haben sich drangesetzt, das zusammenzufassen. Und das ist in diesem Schöpfungsbericht geschrieben. Bei dem geht es also gar nicht so sehr um die Frage: Wie ist die Welt entstanden. Vielmehr geht es darum, zu beantworten, was die Welt *jetzt* trägt. Jeden Tag. Also: Es geht nicht um das, was einmal *war*, sondern um das, was *jetzt* ist und gilt – auch gegen den Augenschein. Hören wir einen Teil dieser Schöpfungserzählung unter diesem Vorzeichen:

Am Anfang schuf Gott Himmel und Erde. Und die Erde war wüst und leer, und Finsternis lag auf der Tiefe; und der Geist Gottes schwebte über dem Wasser. Und Gott sprach: Es werde Licht! Und es ward Licht. Und Gott sah, dass das Licht gut war. Da schied Gott das Licht von der Finsternis und nannte das Licht Tag und die Finsternis Nacht.

Und Gott sprach: Lasset uns Menschen machen, ein Bild, das uns gleich sei, die da herrschen über die Fische im Meer und über die Vögel unter dem Himmel und über das Vieh und über die ganze Erde und über alles Gewürm, das auf Erden kriecht. Und Gott schuf den Menschen zu seinem Bilde, zum Bilde Gottes schuf er ihn; und schuf sie als Mann und Frau. Und Gott segnete sie und sprach zu ihnen: Seid fruchtbar und mehret euch und füllet die Erde und machet sie euch untertan und herrschet über die Fische im Meer und über die Vögel unter dem Himmel und über alles Getier, das auf Erden kriecht.

Und Gott sah an alles, was er gemacht hatte, und siehe, es war sehr gut. So wurden vollendet Himmel und Erde mit ihrem ganzen Heer. Und so vollendete Gott am siebenten Tage seine Werke, die er machte, und ruhte am siebenten Tage von allen seinen Werken, die er gemacht hatte. Und Gott segnete den siebenten Tag und heiligte ihn, weil er an ihm ruhte von allen seinen Werken, die Gott geschaffen und gemacht hatte. Dies ist die Geschichte von Himmel und Erde, da sie geschaffen wurden.

Es liegt auf der Hand, was diejenigen wollen, die diese Worte niedergeschrieben haben als Geschichte gegen allen Selbstzweifel und gegen die Angst. Mindestens drei Punkte lassen sich da nennen:

Erstens: Euer Gott schläft nicht! Der, der Israel einst in die Freiheit geführt hat, er tut das weiterhin – ja vielmehr, er ist jedem von euch so nah, er hat euch sogar geschaffen. Das war ein ganz neuer Gedanke seinerzeit: Gott will dich Menschen, er möchte, dass du da bist, dass du lebst. Ein Gott, der sich für die Menschen interessiert – er hob sich ab von den launigen babylonischen Göttern. Von ihren mächtigen Gestirnsgöttern bleiben hier: Lichter, die Gott an das Firmament heftet. Große Lampen. Mehr nicht.

Zweitens: Es war, es ist gut, es ist sehr gut. Immer wieder wird das hier gesagt. Es gibt keinen Sündenfall in dieser Geschichte, weil das hier nicht der Punkt war, darüber zu reflektieren, so wie wir es aus dem anderen, dem zweiten Schöpfungsbericht kennen. Es ist und bleibt so: Gott hat das Chaos des Anfangs, das sprichwörtliche Tohuwabohu, nicht nur geordnet, sondern verwandelt. Unser Leben hat eine Grundlage, da gibt es keinen Weg hinter zurück und wenn es noch so chaotisch zugeht unter uns Menschen, es ist bereits geregelt, es wird regiert. Das muss man manchmal festhalten für sich im Glauben, muss sich selbst zur Ordnung rufen, wo man sich nur noch hilflos vorzukommen droht und anfängt, sich selbst leid zu tun ...

Drittens: Wir haben eine Aufgabe als Gottes Gegenüber. Als sein Ebenbild. Er setzt uns ein als seine Vertreterinnen und Vertreter auf Erden. Nicht den Papst, nicht den König, sondern den Menschen. Dich, mich, uns alle, Mächtige und Ohnmächtige, Männer und Frauen, alle haben dieselbe unverlierbare Würde und Souveränität. Jeder, aber auch wirklich jeder ist ein Ebenbild Gottes und soll Gottes Glanz widerspiegeln aller Ratlosigkeit und Verzweiflung zum Trotz. Und diese Aufgabe bleibt, bei all dem, wo der Mensch versagt, wo er sich diese Erde immer wieder in einer Form untertan macht, die sie zerstört und vernichtet. Umso wichtiger ist es doch, dass jeden Tag von Neuem gilt: Heute hast du, Mensch, wieder diese Aufgabe, sie fängt von Neuem an! Jeden Tag, jeden Morgen neu.

Und nichts, nichts qualifiziert den Menschen nach dieser Geschichte für diese Aufgabe – außer, dass Gott ihn dafür erwählt. Noch nicht einmal, dass er halbwegs vernünftig denken und reden kann. Er ist wie die Tiere dem sechsten Tag zugeordnet, er ist ein Teil der vergänglichen Schöpfung – und mitnichten ihre Krone. Aber dazu gleich. Es ist allein entscheidend, dass Gott den Menschen, uns in dieser Rolle sehen will und sie uns auch zutraut.

All das ist also Aufgabe und Zuspruch. Immer. Jeden Tag findet von Neuem statt, was diese Geschichte auf sieben Tage verteilt, sieben, die Zahl der schöpferischen Vollkommenheit. Jeden Tag scheidet Gott zwischen Licht und Finsternis. Jeden Tag sind wir von Gott geliebt und gewürdigt als Geschöpfe, denen eine Spanne auf dieser Welt zugemessen ist. Und jeden Tag will er, dass wir frei sind. Und dass wir das genießen können, worüber ich am Anfang gesprochen habe: Dass ja doch vieles von dem, was wir zustande kriegen, sehr gut ist. Dass wir uns freuen können an unseren Gaben und Aufgaben. An unseren Erfolgen, so klein sie auch sein mögen und einfach an dem, was uns gelingt und was wir genießen dürfen ohne schlechtes Gewissen von Torte essen bis Serien gucken oder sonst etwas. Und das hat mit dem zu tun, was nach dieser Geschichte der Höhepunkt und die Krone der Schöpfung ist. Der Ruhetag. Es ist der Tag, an dem Gott ruht. Dreimal wird das betont!!! Und es ist der erste *volle* Tag, den der Mensch nach dieser Geschichte erlebt. Und anders als bei den vorhergehenden Tagen fehlt hier das »und es ward Abend und Morgen.« Darin konkretisiert sich als allererstes, dass wir Gottes Ebenbilder sind: dass wir seine Ruhe übernehmen. Die Babylonier begingen an jedem siebten Tag eines Mondmonats den »sabattu«, der ein Tag der Trauer und Selbstzüchtigung war. An diesem Tag ging man in der Regel auf Tauchstation, um ja nicht heimgesucht zu werden von einem der launischen und bisweilen rachsüchtigen Götter. Hier ist vom krassen Gegenteil die Rede. Wir können, sollen, dürfen auch faul in der Sonne liegen! Und da geht es um noch mehr als das Gute, das Schöne und den Erfolg: es geht darum, dass wir *frei* sind. Mit Gott und *durch* Gott höchstpersönlich. Dass das über allem steht, dass Glaube mit Entspannen beginnt!

Und das sollte vor allem stehen, was wir jeden Tag so tun, veranstalten, sagen und reden. Und das ist heute am 8. Mai, dem Tag der Befreiung in der deutschen Geschichte, noch mal besonders zu betonen, wo dieser Tag heute gewissermaßen mit dem religiösen Tag unserer Befreiung zusammenfällt. Dass wir ihn hoffentlich genutzt haben und es noch tun, darüber nachzudenken, was uns denn jetzt befreien kann, unsere Welt im Jahr 2022. Wie wir umgehen können mit den Zwängen, in die uns Gewalt und Krieg vor unserer Haustür verstricken. Dass wir unter dem Vorzeichen dieser Geschichte, dass Gott das Chaos dieser Welt verwandelt hat, versuchen, in Gedanken und Sprache zu fassen und dranzubleiben, wo wir noch keine Idee davon haben, wie soll das eigentlich werden alles in der Ukraine und auch anderswo, wenn diese Kriege aufhören oder eben auch nicht oder sich ausweiten oder was, um Himmels willen.

Wir tun gut daran, uns von dieser alten Geschichte in all dem zurufen zu lassen: Es ist gut, sehr gut. In all unserer manchmal rastlosen Aktivität auch in dem, was wir versuchen, für die Menschen aus der Ukraine zu tun und für andere, ist das doch gerade für heute wichtig. Denn daran hängen unsere Kräfte und nach dieser Geschichte unsere Menschlichkeit: dass wir uns die *Ruhe* gönnen und all das, was nicht so wichtig zu sein scheint oder zumindest nachgeordnet im Angesicht von Chaos, Krieg und Not. Es ist das Erste, was Gott dem Menschen gönnt als sein Ebenbild. Und wo wir uns selbst dieses Gute tun, können wir dann auch unsere Arbeit als seine Statthalterinnen und Statthalter angehen. Mit Freude. Jubilate!

Reinwachsen in die Kleider des Glaubens

Ansprache über Kolosser 3,12–17, Konfirmation, 7. Mai 2023

Liebe Gemeinde, liebe Konfis,
wer hat denn gestern die Krönung des englischen Königs geschaut? Teile? Ganz? Wow, na dann schafft ihr auch diesen Gottesdienst. Da gab es ja einen Moment, da ging es kameratechnisch etwas diskreter zu. Als Charles III. gesalbt wurde. Stirn, Brust, Hände, Arme. Ein uraltes Ritual. Für alle soll sichtbar sein: Er ist der einzig wahre und rechtmäßige Herrscher, der als Gesalbter des Herrn seine Macht nicht Menschen, sondern allein der Gnade Gottes verdankt. Ihm sein Herrscherrecht streitig zu machen, verstößt nach dem Verständnis des Rituals gegen die göttliche Weltordnung. Es geht also darum, symbolisch alles Böse und Feindliche vom König fernzuhalten und ihn für seine Aufgabe zu stärken, ihn zu segnen und ihm etwas Gutes zu tun, es riecht wirklich sehr gut, dieses Chrisamöl. Fast 75 Jahre hat er sich darauf vorbereitet, ein ganz normaler Mensch wie du und ich mit Macken, mit Segelohren, Hautproblemen, Affären und Rückenschmerzen. Aber auch einer, der auf eine erstaunliche Art und Weise nahbar ist. Als ich ihn vor ein paar Jahren hier durch die Thomaskirche führte, war er voll und ganz bei der Sache und sehr höflich, weil er nicht über mein bisweilen sicher etwas putziges Schulenglisch lachen musste. Ja, fand ich nett!

Warum erzähle ich das? Weil es heute bei eurer Konfirmation im Grunde um etwas Ähnliches geht. Nein, ihr werdet heute nicht zu Königinnen und Königen gekrönt. Ihr habt euch auch nicht 75 Jahre vorbereiten müssen. Und eigentlich schade, die Salbung gibt es zumindest in unseren Breiten bei der Konfirmation nicht, bei der katholischen Firmung schon.

Gleich und letztlich entscheidend bei dem Krönungsritual und der Konfirmation sind zwei andere Dinge: der Segen für euren Lebensweg und alles, was euch darin geschehen wird. Und das Bekenntnis, sein Leben aus der Taufe heraus gestalten zu wollen. Charles trug bei seiner Salbung ein einfaches weißes Gewand, eine Albe, ein bisschen so wie das hier (Alba der Leipziger Pfarrerinnen). Im Grunde ist das ein Taufkleid und in manchen evangelischen Gemeinden tragen auch die Konfirmanden weiß. Der Getaufte, Gesalbte, Gesegnete bekennt sich, indem er sich in die Christusfarbe hüllt: Ich bin bereit, alles, was ich sage und tue im Bewusstsein zu tun: Ich bin getauft! Ich gehöre zu Jesus Christus im Leben, im Sterben, im Tod und darüber hinaus. Ich bin »bewahrt zum ewigen Leben«, das wird gleich in eurem Konfirmationssegen über euch gesprochen.

Die Bibel nennt das: Leben als neuer Mensch. Ein Mensch, der weiß: Wenn ich mich an Jesus Christus halte, an seine Worte, an seine Taten und daran, dass er dem Tod die letzte Macht über uns genommen hat, dann liege ich erstmal grundsätzlich richtig. Egal, ob ich König von England bin oder Konfirmandin, Konfirmand der Thomaskirche Leipzig. Und ihr habt das vielleicht noch im

Ohr, was Ute vorhin gelesen hat aus dem Kolosserbrief. Ein paar Ratschläge, was man sich denn als neuer Mensch so für Kleidungsstücke zulegen sollte. Gute Sachen, in die man vielleicht nicht gleich und nicht immer reinpasst, wo aber das Ziel ist: Sie sollen eigentlich sitzen wie eine zweite Haut. Schauen wir noch mal kurz drauf und gehen sie durch:

So zieht nun an als die Auserwählten Gottes, als die Heiligen und Geliebten, herzliches Erbarmen, Freundlichkeit, Demut, Sanftmut, Geduld;

Tja, vielleicht sollten wir uns das wirklich konsequent angewöhnen: Wenn wir uns morgens vor dem Kleiderschrank ein Outfit zusammenstellen, dass wir überlegen: Was ziehe ich unsichtbar davon noch drüber, was ist heute besonders nötig bei dem, was ich vorhabe, und was tut vor allem mir gut dabei – mir zu sagen: Ich bleibe freundlich, ich habe Geduld – und ich mache mich nicht von dem Verhalten der anderen abhängig. Wie gesagt: In diese Kleider muss man immer wieder reinwachsen. Und – kleiner Tipp von mir: Wenn ihr nicht genau wisst, was von diesen Kleidern des neuen Menschen ihr für den Tag auswählen sollt: Nehmt das, was euch am schwersten fällt. Denn da ist die Chance groß, dass es anderen genauso geht. Und dann ist es nämlich genau das, was diese Welt am meisten braucht. Und wenn mehrere das so machen, dann wird das in dieser Welt nicht unbemerkt bleiben. Vielleicht Demut. Das heißt eigentlich »dienstmütig« – Mut zu haben, mal Sachen zu machen, die ausschließlich den anderen dienen. Ein Rat, den Jesus immer denjenigen gibt, die ihn fragen: Wie kann ich selig werden? Kann man mal drüber nachdenken, bei uns heute geht es ja eher in eine andere Richtung: Du musst doch vor allem an dich denken! Nur: Dann wird schwerlich wachsen, was in den Ratschlägen für den neuen Menschen folgt:

und ertrage einer den andern und vergebt euch untereinander, wenn jemand Klage hat gegen den andern; wie der Herr euch vergeben hat, so vergebt auch ihr! Über alles aber zieht an die Liebe, die da ist das Band der Vollkommenheit.

Das ist vielleicht die schwerste Aufgabe als neuer Mensch: auch den Unerträglichsten zu ertragen. Wo sich alles in mir wehrt. Aber ihr erinnert euch vielleicht. Jesus sagt ja: Die gut finden, die mich gut finden. Geschenkt. Kann jeder. Aber mit denen klarkommen, die es mir schwierig machen: schwer. Aber angemessen. Ich sag mir immer: Jesus sagt, ich soll meine Feinde lieben. Aber ich muss sie nicht mögen. Davon steht da nämlich nichts. Schwer!!! Gut, dass hier noch von einem weiteren, zart gewebten Stück Textil die Rede ist, das ich noch als weitere Schicht überziehen möge: das Band der Liebe. Das allerdings hat überhaupt nichts mit dem berühmten »Mäntelchen der Liebe« zu tun, das Konflikte zudeckt. Sondern es ist das Band, das alles *zusammenhält*: was ich versuche und wo ich scheitere mit meinem Outfit als neuer Mensch. Und es macht gerade möglich, was dieser Welt und unserer

Gesellschaft im Moment so schwerfällt: Dass wir kritisch miteinander umgehen können – aber ohne hate. Und dass wir die T-Shirts aus unserem Schrank wegwerfen können, auf denen steht: »Ich, ich, ich« oder »Ihr seid alle Vollidioten«. Wegwerfen die Dinger. Nicht in die Kleidersammlung!

Und warum können wir zuversichtlich ans Werk gehen, dass das trotz aller Schwierigkeiten ein erfolgreiches Projekt sein wird, unseren Kleiderschrank so zu ordnen und aufzuräumen? Das kommt im Text ganz am Ende, und ich kann euch beruhigen, auch am Ende dieser Predigt:

Und der Friede Christi, zu dem ihr berufen seid in einem Leibe, regiere in euren Herzen; und seid dankbar. Lasst das Wort Christi reichlich unter euch wohnen: Lehrt und ermahnt einander in aller Weisheit; mit Psalmen, Lobgesängen und geistlichen Liedern singt Gott dankbar in euren Herzen.

Es ist der »Friede Christi in unserem Herzen«, der uns letztlich dazu motiviert und bewegt, der uns immer wieder neu aufrichtet. »Friede sei mit euch«, auch das kommt in eurem Konfirmationssegen vor. Es ist der biblische Gruß des Auferstandenen an seine Jünger, der immer eines macht mit ihnen: Sie können umgehen mit dem, was ihnen Angst macht und was sie zwischendurch in allem alltäglichen Stress und den ganzen Kleinkriegen und womit auch immer wir uns völlig überflüssigerweise beschäftigen und was uns Lebenszeit ohne Ende klaut. Es ist der Gruß des Auferstandenen nicht von ungefähr: Von dem einzigen Menschen, der schon *ganz und gar* der neue Mensch ist. Der das weiße Kleid nicht mehr ablegen wird. Er ist in einem neuen Leben bei Gott. Und das ist am Ende unser aller Ziel, die wir uns zum christlichen Glauben bekennen.

Wie lange auch immer wir leben werden als gesegnete Konfis der Thomaskirche oder als König von England. Der hat ja gute genetische Voraussetzungen, dass er vielleicht noch 20 Jahre als Gesalbter schafft, wünschen wir es ihm doch. Euch aber wünsche ich noch viel mehr, liebe Konfis. Macht weiter, der christliche Glaube ist keine alte Klamotte für den Müll, auch wenn wir ihn manchmal nur sehr unzureichend und durchschnittlich vermitteln können, wie das manchmal in den knapp zwei Jahren passiert ist bei all den äußeren Widrigkeiten wie Corona und Co, die ihr und wir zu ertragen hatten. Wir waren gern mit euch unterwegs und wir haben auch eins immer wieder gern mit euch getan und das ist nun wirklich das Letzte, das Allerletzte von der Liste von den Ratschlägen für den neuen Menschen und es hat zu tun mit dem heutigen Sonntag Kantate: »Singt Gott in euren Herzen.« Singt, ja, und zwar völlig wurscht, ob ihr den Ton trefft oder nicht. Denn vielleicht resultiert aus der Tatsache, dass wir (die Thomasser können weghören) zu wenig im Alltag singen, ein Riesenproblem für unsere Gesellschaft. Verkürzt gesagt, anwesende Neurologen vielleicht bitte auch lieber weghören: Unsere Gehirne funktionieren immer nur in einem bestimmten Schaltkreis. Wenn ich hochemotional bin, richtig sauer und voll in Fahrt und mir sagt einer: Nun sei doch mal vernünftig – na ja, da kriegt der wahrscheinlich keine besonders nette Antwort. Denn ich schaffe es nicht ohne Weiteres, in den Schaltkreis der Vernunft umzuschalten. Oder ich vergesse total, dass ich mir morgens ja z. B. das Gewand »Sanftmut« angezogen habe. Das Krasse ist: Singen ist ein Mittel dazu, dieses Umschalten hinzubekommen. Deshalb singen wir auch immer wieder zwischendurch im Gottesdienst und vielleicht sollte man das gelegentlich im Deutschen Bundestag oder in Talkshows tun. Aber unter der Dusche reicht vollkommen aus, entscheidend ist, wie immer im Leben: Klein anfangen und es selbst tun. Liebe Konfis, liebe neue Menschen: Gott segne alle eure Wege durch dick und dünn. Denn der Friede Gottes, der höher ist als all unsere Vernunft, der wird unsere Herzen und Sinne bewahren in Christus Jesus. Amen.

Es betet in uns

Predigt über Johannes 16,23b–28.33, Rogate, 26. Mai 2019

Jesus sprach zu seinen Jüngern: Wahrlich, wahrlich, ich sage euch: Wenn ihr den Vater um etwas bitten werdet in meinem Namen, wird er's euch geben. Bisher habt ihr um nichts gebeten in meinem Namen. Bittet, so werdet ihr empfangen, auf dass eure Freude vollkommen sei. Das habe ich euch in Bildern gesagt. Es kommt die Zeit, da ich nicht mehr in Bildern mit euch reden werde, sondern euch frei heraus verkündigen von meinem Vater. An jenem Tage werdet ihr bitten in meinem Namen. Und ich sage euch nicht, dass ich den Vater für euch bitten will; denn er selbst, der Vater, hat euch lieb, weil ihr mich liebt und glaubt, dass ich von Gott ausgegangen bin. Ich bin vom Vater ausgegangen und in die Welt gekommen; ich verlasse die Welt wieder und gehe zum Vater. Dies habe ich mit euch geredet, damit ihr in mir Frieden habt. In der Welt habt ihr Angst; aber seid getrost, ich habe die Welt überwunden.

Liebe Gemeinde,
»betet«, so ermutigt der Sonntag Rogate. »In der Welt habt ihr Angst«, konstatiert das Evangelium. Zwei Themen also heute, über die man offen eher nicht spricht. Über unsere Ängste und Anfechtungen reden wir nicht gern. Es gehört

zu unserem Lebensstil, beidem von vornherein zu begegnen durch Aktivität, Planung, Unterhaltung. Viele Branchen leben davon, dass sie uns versichern gegen Hagel, Feuer, Unglück und, wie mal jemand süffisant bemerkte, gegen Leben. Letzteres bringt's auf den Punkt. Wir wissen genau: Die Ideologie der Machbarkeit aller Dinge erzeugt selbst wieder Ängste und Anfechtungen – die irgendwie anonym und ungreifbar in uns grollen und auch ihr Unwesen treiben. »Die überforderte Generation« nennt der Soziologe Hans Bertram die heutigen Eltern. Ein dazu vor einiger Zeit erschienenes Buch namens »Geht alles gar nicht« berichtet von Vätern, die an ihrem eigenen Dreifachanspruch scheitern: Da sein, wenn die Tochter sich auf dem Spielplatz die Knie aufschrammt. Und zugleich einfühlsamer Partner sein. Und stets einsatz- und karrierebereiter Mitarbeiter. Am Ende ein paar Ansprüche zu viel in einer Arbeitswelt, die die Grenzen zum Privaten immer weniger akzeptiert. »Muss doch irgendwie gehen« – aber am Ende geht doch nicht alles.

Nun: Worüber Männer in diesem Buch schreiben, mögen alleinerziehende Frauen denken: Ach – sagt bloß, das ist schwierig. Aber wie auch immer, es gilt für Frauen wie für Männer: Die Anfechtung, dem Anspruch an sich selbst nicht zu genügen, kann quälen. Sie kann sich auswachsen zur Angst, nichts und niemandem mehr etwas zu bedeuten. Und, auch das ist nicht neu: Versagensängste, der Abbruch von Gewissheiten und Bindungen sind ein guter Nährboden für Phobien und Verschwörungstheorien, in denen die Ängste auf die projiziert werden, die einem gefährlich werden könnten. Oder von denen man glauben macht, sie würden ihn verursachen, den eigenen Frust: die Flüchtlinge, die Politiker, die Medien, die EU. Oder gar: Das gerade 70 Jahre alt gewordene Grundgesetz. Bei der Geburtstagsfeier auf dem Markt am Donnerstag meinte ein älterer Herr: Er sei nun inzwischen so unzufrieden mit der CDU, dass er das Grundgesetz ablehne als Basis für unser Zusammenleben. Ja, man könnte in der Tat lachen, wenn es nicht so traurig wäre.

Wie können wir umgehen mit Leuten, die so unterwegs sind? Ich will mich nicht lustig machen, aber ich würde es gern verstehen. Wie denen zur Seite stehen, die irgendwie verunsichert durchs Leben trudeln? Und: Wie können Menschen stabiler werden, die nur noch zu erleben scheinen, gelebt zu werden? Wie können sie sich selbst wieder sehen oder erleben als Menschen, von denen Aktion ausgehen kann, und dass sie sich eingeben in ein demokratisches Miteinander, das ja nur so lange lebt und überlebt, wie es noch genug Leute gibt, die die Verweigerer mitschleppen?

Das sind alles Fragen heute, wenige Tage nach dem 70. Geburtstag des Grundgesetzes und an einem Tag, der für unsere Zukunft in Europa entscheidend sein wird. Und das Ganze ist ja nicht nur eine Bildungsfrage. Es sei denn, wir fragen: Was bildet uns als Persönlichkeiten, die miteinander umzugehen wissen? Was hält uns im Innersten zusammen? Das ist eine der aus meiner Sicht drängendsten Fragen dieser Zeit, die wir als Kirche bei uns selbst und auch in dieser Gesellschaft überhaupt zu überarbeiten haben. Und was können *wir* vermitteln und vorleben?

In dem Abschnitt aus dem Johannesevangelium, den wir heute bedenken, ist etwas zu finden, was hilft zum Weiterdenken. Jesus kündigt seinen Jüngern seinen Abschied an und gibt ihnen mit, woran sie sich halten mögen bzw. in welcher Haltung sie ihr Leben gestalten mögen. »Bittet, so werdet ihr empfangen, auf dass eure Freude vollkommen sei.« Bemerkenswert. Das Ziel unseres Gebets bzw. das verheißene Ergebnis unserer Bitten ist *nicht* ihre Erfüllung. Sondern »dass unsere Freude vollkommen sei«. Das ist für den Anfang mitzuhören, wo es heißt: »Wenn ihr den Vater bitten werdet in meinem Namen – so wird er es euch geben.« Das klingt ja erst mal so, als ob jeder Wunsch bei nur recht intensivem oder »richtigem« Gebet erfüllt wird. Wir wissen: Das ist nicht so. Und es steht auch nicht da. Es steht *nicht* da: Bittet, so bekommt ihr, was ihr wollt. Es geht um eine Haltung, nicht um eine Tat. Bitten, Beten ist eine Lebenshaltung. Es ist keine spezielle religiöse Übung, sondern die Lebensäußerung eines Menschen, der weiß: Ich verdanke mich nicht mir selbst. Mein Leben nicht. Meine grundlegenden Fähigkeiten nicht. Und dass ich geliebt werde und lieben kann: Das ist mir geschenkt.

In Berührung zu bleiben mit dem, der mir das schenkt – darum geht es hier bei Johannes. Jesus geht zum Vater – und die Jünger, sie werden jetzt sozusagen »erwachsen« im Gebet und im Glauben. Sie treten an seine Stelle und sind jetzt unmittelbar zu Gott. Ganz nah dran an seiner Liebe zu den Menschen, die sich in Jesus Christus gezeigt hat: durch sein Leben, sein Sterben und seine Auferweckung hindurch. Was an ihm geschehen ist, wird auch an uns geschehen. Seins ist meins, wir treten an seine Stelle – und so auch an seine Stelle des direkten Gebets zum Vater. »In der Welt habt ihr Angst, aber seid getrost, ich habe die Welt überwunden.« Meine Angst ist da. Aber sie ist schon überwunden in ihrem Anspruch auf mich. Ich bin ihr nicht mehr wehr- und hilflos ausgeliefert. Ich kann ihr begegnen, brauche mich ihr nicht zu unterwerfen. Wer angefangen hat, das zu begreifen – was kann der für eine vollkommenere Freude spüren?

Da ist das Beten wie Atmen. Es gibt kein richtiges oder falsches Beten, sondern nur eine zu Gott hin offene Haltung – mit oder ohne Worte. Allezeit und nicht nur zu den agendarisch verordneten Zeiten im Gottesdienst oder im Tagesablauf. Wobei ich das nicht geringschätze, denn ich glaube fest an den Grundsatz des norddeutschen Theologen Claus Harms: »Wer nicht zu bestimmten Zeiten betet, der betet auch nicht zu unbestimmten.«

Aber das stellt die den Jüngern empfohlene Lebenshaltung nicht infrage. Zumal sie uns gerade davon abhält, den üblichen Fragen zum Gebet auf den Leim zu gehen, wie sie unser Verhältnis zu allem Rationalen bestimmen: Was bringt es denn? Oder: Was habe ich davon? Über Sinn, Notwendigkeit oder Zweck des Gebets zu räsonieren verstärkt die Zweifel, statt sie zu entkräften. Und erhört zu werden ist, wie gesagt, etwas anderes als die Erwartung, dass die eigenen Wünsche ans Leben in Erfüllung gehen. Es geht auch nicht darum, dass die Nähe und die Liebe Gottes *Bedingungen* sind, *unter* denen Beten sinnvoll ist. Vielmehr *ereignen* sich Nähe und Liebe Gottes im Vollzug des Bittens selbst. Selbst dann, wenn wir nur noch stammeln können, wenn es uns die Sprache verschlägt. Auch dann kann es in uns in dieser Haltung weiter beten: *Es* betet in uns. Oder, wie es Paulus im Römerbrief beschreibt: »Der Geist selbst vertritt uns auf's Beste mit unaussprechlichem Seufzen« – von Bach so wunderbar vertont, viele werden es im Ohr haben. Dass ich, wenn ich auch keine Worte habe, trotzdem beten kann. Gott selbst tut es für mich: »Der Geist selbst vertritt mich auf's Beste« – was für ein Trost in Anfechtung!

Das Geheimnis, dass unser Rufen nach Gott Gottes eigene Stimme in uns ist, habe ich in folgendem wunderbaren Text gefunden:

»O Gott!«, rief einer viele Nächte lang,
Und süß ward ihm sein Mund von diesem Klang.
»Viel rufst du wohl«, sprach Satan voller Spott.
»Wo bleibt die Antwort ›Hier bin Ich!‹ von Gott?
Nein, keine Antwort kommt vom Thron herab!
Wie lange schreist du noch ›O Gott!‹? Lass ab!«

Ja, das war schon immer des Teufels Hauptargument: Beten ist nur Selbstgespräch, und darauf gibt es keine Antwort. Aber dann hat der Rufer einen Traum, er hört so etwas wie die Stimme Gottes oder des eigenen Herzens, und die sagt:

»Dein Ruf ›O Gott!‹ ist mein Ruf: ›Ich bin hier!‹
Dein Schmerz und Fleh'n ist Botschaft doch von mir,
Und all dein Streben, um mich zu erreichen –
Dass ich zu mir dich ziehe, ist's ein Zeichen.

Dein Liebesschmerz ist meine Huld für dich –
Im Ruf ›O Gott!‹ sind hundert ›Hier bin ich!‹«

Ein wunderbarer Text, der wie eine poetische Auslegung der paulinischen Gedanken aus dem Römerbrief klingt. Es ist allerdings ein Gedicht aus der islamischen Mystik des Dichters Mevlana. Aber das können wir auch als Christen gut verstehen. Und vielleicht sind es ja gerade die Ähnlichkeiten in Sachen Lebens- und Glaubens*haltung*, die uns mit anderen zusammenbringen, die uns fremd sind. Dass wir unterwegs bleiben miteinander: im Gespräch, im Zuhören, im Verständnis füreinander. So, dass wir Frieden haben können miteinander – und auch mit uns selbst, mit den eigenen Ansprüchen und Anforderungen. Nur wer solchen inneren Frieden hat, kann sich wohl auch einsetzen für den äußeren. Nicht zuletzt mit unseren unmittelbaren Nachbarn in Europa. Tun wir alles dafür, dass niemand diesen Frieden auf's Spiel setzen kann.

Himmelfahrt: Ab jetzt schon ewig leben!

Predigt über Lukas 24,44–53, Himmelfahrt 2015

Er sprach aber zu ihnen: Das sind meine Worte, die ich zu euch gesagt habe, als ich noch bei euch war: Es muss alles erfüllt werden, was von mir geschrieben steht im Gesetz des Mose und in den Propheten und Psalmen. Da öffnete er ihnen das Verständnis, dass sie die Schrift verstanden, und sprach zu ihnen: So steht's geschrieben, dass der Christus leiden wird und auferstehen von den Toten am dritten Tage; und dass gepredigt wird in seinem Namen Buße zur Vergebung der Sünden unter allen Völkern. Von Jerusalem an seid ihr dafür Zeugen. Und siehe, ich sende auf euch, was mein Vater verheißen hat. Ihr aber sollt in der Stadt bleiben, bis ihr angetan werdet mit Kraft aus der Höhe. Er führte sie aber hinaus bis nach Betanien und hob die Hände auf und segnete sie. Und es geschah, als er sie segnete, schied er von ihnen und fuhr auf gen Himmel. Sie aber beteten ihn an und kehrten zurück nach Jerusalem mit großer Freude und waren allezeit im Tempel und priesen Gott.

Liebe Gemeinde,
es gibt so etwas wie eine »Ausplünderung der Wirklichkeit durch eindimensionale Sprache« (Hartmut Löwe). Die Poesie und die symbolische Sprache ist nicht weniger

wirklichkeitshaltig als die des naturwissenschaftlichen Beweises oder die der Information. Beides beschreibt Wirklichkeit – oder doch zumindest das, was wir als solche zu erkennen vermögen. Viele aber stehen wegen unserer von kognitiver Dominanz geprägten Alltagssprache irritiert vor einem Fest wie Christi Himmelfahrt. Und tatsächlich: Ausgerechnet an diesem Punkt ist die deutsche Sprache sehr sparsam: bei dem *einen* Wort Himmel, das doch für so manchen himmlischen Aspekt steht – eben nicht nur für das Firmament, an dem wir die Wolken betrachten. Nein – und wahrscheinlich benutzen wir alle das Wort auch anders, nämlich spätestens dann, wenn es uns ernst ist mit dem Leben. Und besonders, wenn es um Liebe und Tod geht. Sich wie im Himmel fühlen, das verbinden wir mit Leichtigkeit, mit ungetrübter Freude, wenn wir absolut eins sind mit uns und der Welt um uns herum, es gibt sie ja, diese Momente. Und nicht zuletzt liegt es uns etwa Kindern gegenüber nahe, auf die Frage »Wo sind unsere Toten?« zu antworten: »Im Himmel«. Und wir fühlen uns nicht mal schlecht oder verlegen dabei, weil wir auch als Un- oder Halbgläubige in uns die Ahnung tragen: Sie sind an einem Ort des Friedens, den wir nicht näher beschreiben können – aber sie sind uns doch auch ganz nahe. Sie leben mit uns, die Lieben. Sie sind bei jedem Schritt dabei und an manchen Tagen, da merken wir es ganz genau und wir sind umfangen von dem Gefühl aus Dankbarkeit und Trauer über ihr Leben und Sterben – und dass uns die Tränen der Trauer zu Tränen des Glücks werden können und wir gar nicht wissen, wie uns geschieht. Nah und fern zugleich und voller uns überwältigender Gefühle, so ist der Himmel. Dort ist alles, was kostbar ist, aufgehoben und immer noch da. Auf den Punkt gebracht: Nicht wo der Himmel ist, ist Gott, sondern wo Gott ist, da ist der Himmel – und wir merken das dann schon.

In diesem Sinne lässt sich wohl am ehesten verstehen, was Himmelfahrt meint, und was Lukas meint, wenn er uns diese Geschichte erzählt, gleich zweimal, ein Aspekt also, der ihm sehr wichtig zu sein scheint. Den einen Text haben wir eben gehört und er hält den Moment fest, an dem die Jünger verstehen, was der Himmel ist und was er für sie ist. Zwei Dinge hinterlässt ihnen Jesus: Eine Zusammenfassung seines Wirkens – alles ist erfüllt mit seinem Leiden, Sterben und Auferstehen. Alle Menschen, alle Völker können nun *nach vorne gewendet* leben: Alle Mächte sind von Jesus niedergerungen, die uns in unserem Leben den falschen Weg nehmen lassen. Nichts anderes heißt ursprünglich das Wort »Sünde« im Griechischen – das Ziel verfehlen, als ob man mit einem Pfeil die Mitte der Scheibe nicht richtig trifft. Niemand muss mehr Angst haben, wenn er entdeckt: vieles in meinem Leben ist so. Ich wüsste das Ziel, aber ich kann ihm nicht nahekommen, ich bleibe davon immer entfernt – aber ich will es anders und bitte darum, dass es so sein kann und dass es so sein wird, damit ich leben kann, wie ich gemeint bin und wie ich eigentlich weiß, dass es gut ist. Dieser Gedanke und diese Erkenntnis seiner selbst, dazu anderen zu verhelfen – er ist gemeint mit dem Auftrag Jesu, in seinem Namen Buße zur Vergebung der Sünden unter allen Völkern zu predigen. Um *Hinwendung*, um

Umkehr zum Leben geht es in diesem hier benutzten griechischen Wort, nicht darum, sich klein zu machen, sich zu erniedrigen oder zerknirscht zu kapitulieren. Darauf haben manche Predigten Menschen in Jahrhunderten festgelegt und darauf ließ und lässt sich auch ein Machtgebäude errichten, ein System von Heuchelei und Unterdrückung.

Aber es geht im Auftrag an die Jünger, die »Buße zur Vergebung der Sünden unter allen Völkern« zu predigen, eben gerade nicht um die Festlegung des Menschen darauf, sondern um die Möglichkeit, losgelöst, erlöst zu werden von allem, was uns am Leben in seiner Fülle hindern will. Dazu gehört die Ehrlichkeit, sich einzugestehen, was nicht in Ordnung ist. Dazu gehört das Erschrecken über die unhaltbaren Zustände, die wir zulassen als Menschen. Es hilft uns überhaupt nicht weiter, sie wegzudiskutieren oder davor wegzulaufen – und da muss ich wohl keine Beispiele nennen, weil wir die aus unserem persönlichen Leben und Erleben wohl alle kennen – die Dinge, die so in Unordnung sind, dass man sich im Grunde schämen muss, dass sie uns nicht den Nachtschlaf rauben. Nur, es einzugestehen, all das Kreuz, Elend, Leid und Tod in meinem Leben, auch das, was ich dabei bei anderen verursachen mag, hilft zu einem neuen Anfang, zum Leben. Kein Hinwenden zum Neuen geht ohne Abwenden vom Alten, kein Ostern ohne Karfreitag, keine Hinwendung zum Leben ohne Auseinandersetzung mit dem Tod, mit dem Ende und dem Scheitern. Wenn wir das wegreden wollen, kommen wir nicht hinter das große Geheimnis und die große Wohltat dessen, was mit »Vergebung« gemeint ist:

gerade die Entlastung davon, die wir es aus uns selbst heraus nicht schaffen.

Das ist das eine Vermächtnis des sich von den Jüngern verabschiedenden Jesus, noch einmal diese Erinnerung an das, was uns immer wieder so schwerfällt zu verstehen, dass zur Überwindung des Leids eben auch gehört, es zu durchleiden. Das hat er getan, Jesus, uns zugute.

Und das Wichtigste, warum wir es auch können, das hinterlässt er ihnen ganz zum Schluss: den Segen. Jesus segnet seine Jünger und indem er sie segnet, geht er von ihnen weg. Ja, er stellt sie unter das Kreuz, denn Segnen ist ja ein Lehnwort aus dem Lateinischen: »cruce signare«, mit dem Kreuz bezeichnen. Es gibt keinen Himmel ohne das Kreuz. Es ist neben der Segnung der Kinder das einzige Mal, dass in den Evangelien davon erzählt wird, dass Jesus selbst segnet. Jetzt segnet er seine Freunde, in der Stunde des Abschieds, und Lukas erzählt es so, dass er sich währenddessen, während dieser so engen und liebevollen Geste der Zuwendung und Berührung, von ihnen entfernt, dass in diesem Moment sich quasi der Himmel öffnet, in dieser Erfahrung von Distanz und Nähe Jesu zugleich. Wo sie merken, sie sind gesegnet und beschenkt mit etwas, was ihnen bleibt und in seiner zukünftigen Ferne bleibt Jesus ihnen doch zugleich nah. Der Himmel, in den Jesus aufgenommen wird, ist in diesem Moment ganz nah bei ihnen und sie reagieren auf zweierlei Weise: mit Ehrfurcht und Anbetung – und mit ungeheurer Freude. Beides legt sich auf sie – und beides zusammen in dieser engen Verbindung befähigt sie, Zeugen zu werden für ihn, Zeugen dafür, dass wir jeden Tag von

Neuem auf das Leben zu leben, gerade auch auf das ewige Leben zu leben und dass all das, was wir als himmlisch bezeichnen oder fühlen, hier schon Wirklichkeit werden kann. Dass wir Zeugen werden dafür, dass Menschen wieder aufstehen können, wieder einen Durchblick und Überblick für ihr Leben gewinnen, dass sie erfahren, dass sie nicht ein für alle Mal festgelegt sind auf falsche Entscheidungen oder auf ihr Versagen. Hinwendung zum Leben, dazu sollen die Jünger Zeugen sein, und dass Lukas davon erzählt, dass Jesus ihnen das in Bethanien aufträgt, ist kein Zufall, es ist der Ort des Lebens, der Ort des Lazarus, der wieder zum Leben gekommen war, ein Ort also mit Abstand zur Stadt Jerusalem, aber doch nicht mit zu viel Abstand, denn dort, in Jerusalem, dem Ort ihres Alltags und auch ihrer Anfechtung, sollen sie ja anfangen: Hier den Segen leben, weitergeben, die Erfahrung: der Himmel Gottes hat sich geöffnet: Jesus ist dort und dieses »Loch im Himmel«, wenn man so will, es ist jetzt immer über uns.

Da kommt man natürlich an die Grenzen der Sprache, aber gerade Poesie und religiöse Symbolsprache kommen hier der Wirklichkeit am nächsten. Die gesegneten Freunde kehren verändert an den Ort des Leidens und Scheiterns zurück, sie sind nicht länger enttäuscht und traurig, sondern voller Freude und sie preisen Gott. Das Wort, das im Griechischen den Segen Jesu ausdrückt, ist genau dasselbe, das ihren Lobpreis ausdrückt: Sie segnen also weiter! Und da schließt sich bei Lukas der Kreis: die irdische Geschichte Jesu endet, wo sie begonnen hat: im Tempel von Jerusalem. Hier wurde der acht Tage alte

Junge dem Herrn dargebracht und hier, wo seine Geschichte begann, geht sie auch weiter.

Was für eine Aufgabe für die Jünger, dafür Zeugen zu sein und dafür einzutreten, dass sie auch weitergeht, diese Geschichte. Wer Zeuge ist, kann es nur mit einem Standpunkt tun, den man gewonnen hat. Um etwas bezeugen zu können, braucht man eine Überzeugung und den Mut, sie auch zu äußern und für sie einzutreten. Eben gerade nicht Rückzug in die Innerlichkeit, auch nicht in die innerliche Freude ist hier der Auftrag, sondern an dem Ort zu wirken, für den Jerusalem eben auch steht und stand für die ersten Christen: als Ort der Anfeindung und der Gewalt, an dem man sich überwinden muss, Zeuge zu sein für eine Lebenshaltung, die auf Liebe setzt: auf Anerkennung des anderen als Menschen, die auch dem Feind gilt, also dem, den man nicht zu seinem Freund machen kann. Da allerdings ist so unendlich viel zu tun, wenn man sich nur anguckt, wie wenig Menschen sich an Wahlen beteiligen, an der aktiven Mitarbeit in Vereinen, Verbänden, Parteien und anderen Vereinigungen, ohne die ein ausgewogenes und demokratisches Miteinander nicht funktioniert. Da müssen wir uns nichts vormachen, auch wenn die aktiven Ehrenamtlichen zu Recht gelobt werden und eigentlich noch mehr gelobt werden müssten.

Könnten, ja müssten wir als Gesegnete nicht so unendlich viel mehr schaffen, wenn wir unsere Ängste und Vorbehalte, auch die vor dem eigenen Scheitern, zu überwinden wüssten in der Kraft von oben, die uns hier verheißen ist? Und müssten wir nicht zu Anfang, wie Friedrich Nietzsche einmal bemerkte, als Erlöste viel erlöster aussehen?

Vielleicht lässt Lukas die Jünger die große Freude und die innere Bewegung durch den Segen deshalb erst einmal besonders auskosten. Es muss auch erst in ihnen reifen und wachsen, dass auch sie Bürger und Bürgerinnen dieses Himmels sind, in den Jesus gegangen ist und von wo aus er ihnen nah und fern zugleich ist. Noch sollen sie in der Stadt bleiben, bis sie ausgerüstet sind mit Kraft aus der Höhe. Noch ist eben nicht Pfingsten, noch ist Zeit des Verstehens und Verinnerlichens – erst dann kommt die Zeit der Aktion und des Handelns. Und das ist sicher immer wieder so und auch für uns zu beachten, wenn wir uns nicht in Aktionismus verzetteln wollen, egal, ob innerhalb oder außerhalb der Gemeinde. Das läuft sicher oft falsch herum und wir verstecken uns hinter und mit unseren vermeintlichen Guttaten, statt wirklich überlegt und im wahrsten Sinne des Wortes »geistreich« zu handeln und sich zu trauen, so Zeuge oder Zeugin zu sein, wie man eben ist – es gehört ja auch zum Wesen des Zeugen, sehr subjektiv zu berichten und weiterzugeben, was man wahrgenommen hat – aber das macht einen Zeugen auch erst interessant! Noch aber gehen sie nicht los, die Jünger. Himmelfahrt ist erst einmal Zeit zum Verstehen dessen, was Jesus getan hat und was er uns bedeutet. Es ist Zeit zur Freude und zur Feier der Tatsache, von ihm gesegnet zu sein.

Pfingsten sind die Geschenke am größten

Predigt über 1. Korinther 2,12–16, Pfingstsonntag, 28. Mai 2023

Liebe Gemeinde,
»Pfingsten sind die Geschenke am geringsten« – und das war's dann auch schon, was ungefähr 90 Prozent der Deutschen mit Pfingsten verbinden. Warum tun wir uns so schwer damit, dieses Fest zu feiern? Ein Grund mag unsere Sprache sein: Wir müssen uns im Deutschen mit dem schwierigen Wort »Geist« herumschlagen. Das, was mit dem Heiligen Geist zu tun hat, verbreitet den Eindruck, es sei »geistig«, abstrakt und theoretisch. Obwohl: »Wind« oder »Wehen« des Geistes sind ja durchaus sinnliche Erfahrungen. Wir haben es in der Pfingstgeschichte aus der Apostelgeschichte gehört, wie die Jünger darauf zunächst einmal reagieren: bestürzt – entsetzt – verwundert. Ein gewaltiger Sturm vom Himmel. Eine äußere Naturgewalt steht für eine innere, für eine geistliche Erfahrung. Es fährt hinein in diese verunsicherte Schar, die sich für andere unzugänglich in sich selbst verrammelt hat. Nunmehr treiben sie die Sache Jesu als Gemeinde in die Welt hinein. Und das sprengt die bisher bekannten Grenzen zwischen Volk, Sprache und Herkunft. All das wird zu Pfingsten zweitrangig. Menschen, die vom Geist ergriffen sind, verstehen, worauf es wirklich ankommt …

Ich denke schon, wer sich mit dieser Geschichte und ihrer Symbolik beschäftigt, kann durchaus verstehen, worum es Pfingsten geht. Wem sie zu affektvoll ist, kann sich auch anders nähern. Im Johannesevangelium findet Pfingsten weniger spektakulär statt. Als Jesus sich von seinen Jüngern verabschiedet, bläst er sie an und sagt: »Nehmt hin den heiligen Geist.« Das erinnert an die Schöpfungsgeschichte, wo Gott dem Erdenkloß Adam seinen Atem einhaucht. Und was heißt das hier wie dort anderes als: Nehmt von meinem Innersten. Atmet ein, was mich leben lässt. Lebt davon. Lasst meinen Atem euch atmen – auf dass er euch an all das erinnere, was ich getan habe: Menschen zu ermutigen, sie aufzurichten. Und zusammen zu schauen: Wo sind neue Perspektiven für uns? In welchem Geist wollen wir leben?

Nach dieser Geschichte ist der Heilige Geist der Geist Jesu. Bachs Kantate hat das eben wunderbar besungen, was wir auch im Evangelium schon gehört haben: Er zieht bei uns ein. Er ist da, wo ich bis ins Körperliche hinein spüren kann: Gott arbeitet offenbar an mir. Er arbeitet bzw. atmet dort, wo ich getröstet werde. Wo ich mich wieder aufrichten kann. Wo ich wieder Mut fasse. Wo ich wieder herauskrieche aus dem Loch, in das ich mich verzogen hatte. Pfingsten ist der Moment, wo ich mich wieder traue, herauszugehen aus mir selbst und mich zeige, wie ich bin. Nicht weil ich so großartig bin. Sondern weil mir einleuchtet: Durch Jesu Tod und Auferweckung kann mir keine Gewalt und Macht dieser Welt mehr etwas anhaben. Aus diesem Geist gilt es, mein Leben zu gestalten und alle Ängste, alle Widrigkeiten und Widersprüche in die zweite Reihe zu stellen bei allem, was ich denke, tue und glaube! Ich lebe mit ihnen, aber sie beherrschen mich nicht.

Aber: Das glauben zu können – wirklich glauben zu können in dem Sinne, dass ich all mein Vertrauen daraufsetze – werde ich das je können? Herrje, so einfach ist das nicht, ich bleibe immer skeptisch und kritisch, ich zweifle doch immer wieder – und eigentlich will ich es auch, denn ohne Zweifel komme ich nicht voran – und zugleich merke ich, wie sehr ich mich danach sehne, dass in meinem Leben alles gut ist und ich zur Ruhe komme. Es gibt einen wunderbaren Text im 1. Korintherbrief des Apostels Paulus, der uns als Menschen genau in diesem Zwiespalt bis hinein in unsere tiefste Zerrissenheit ernst nimmt – und der sowohl mit der Pfingstgeschichte zu tun hat als auch damit, dass Jesus seinen Geist bzw. Atem an seine Jünger weitergibt. Er ist heute unser Predigttext.

Wir aber haben nicht empfangen den Geist der Welt, sondern den Geist aus Gott, dass wir wissen können, was uns von Gott geschenkt ist. Und davon reden wir auch nicht mit Worten, wie sie menschliche Weisheit lehren kann, sondern mit Worten, die der Geist lehrt, und deuten geistliche Dinge für geistliche Menschen. Der natürliche Mensch aber nimmt nicht an, was vom Geist Gottes ist; es ist ihm eine Torheit und er kann es nicht erkennen; denn es muss geistlich beurteilt werden. Der geistliche Mensch aber beurteilt alles und wird doch selber von niemandem beurteilt. Denn »wer hat des Herrn Sinn erkannt, oder wer will ihn unterweisen«? Wir aber haben Christi Sinn.

Paulus findet die vielleicht nüchternste Beschreibung des Heiligen Geistes. Er definiert ihn von seiner Aufgabe her: Gott gibt uns Anteil an seinem Geist, damit wir es überhaupt erblicken, was er uns schenkt. Wir bekommen den »Geist aus Gott, dass wir wissen können, was uns von Gott geschenkt ist.« Der Heilige Geist hat schlicht die Aufgabe, uns das nahe zu bringen. Allerdings: Auf den ersten Blick klingt dieser Text auch irgendwie arrogant und abgrenzend – diese Unterscheidung zwischen »natürlich« und »geistlich«: Wir haben es, aber die andern haben's nicht. Und was ist mit den Skeptikern – und mit all denen, die sich nichts sehnlicher wünschen als glauben zu können? Haben sie das Pech, zu den sogenannten natürlichen Menschen zu gehören, weil sie einfach nicht erkennen können oder wollen, was die geistlichen selbstverständlich tun? Allerdings: Wenn man es genau anschaut: Hier geht es um einen Singular – um *den* geistlichen und um *den* natürlichen Menschen. Paulus spielt also nicht die Frommen gegen die Ungläubigen aus, sondern mich gegen mich. Die Grenze zwischen dem natürlichen und dem geistlichen Menschen verläuft mitten durch mich selbst hindurch. Als geistlicher Mensch erkenne ich, was Gott an mir tut, wie er mich durch seinen Geist beständig erneuert und erhält – und wie das auch für mein Umfeld gilt. Aber auf der anderen Seite erlebe ich mich auch als natürlichen Menschen und sehe, wie dürftig das ist, was ich glaube, was ich denke und was ich tue. Fühle mich wie ein wandelnder Widerspruch, nehme viel zu viel Chaos in mir wahr, will es verzweifelt besser machen und verstricke mich immer mehr darein. Es ist ein unbeschreiblicher Segen, wenn es mir dann einer wie Paulus ins Gedächtnis ruft: Ich bin nie nur das eine (vom Geist Gottes erfüllt und bewegt) oder das andere (nur auf mich und das Vorfindliche bezogen). Der natürliche und der geistliche Mensch – sie sind beide in mir nebeneinander und mal ist der eine, mal der andere aktiver.

Nehmen wir als Beispiel das Glaubensbekenntnis. Da hört es ja für viele auf, die Kirche eigentlich gar nicht so schlecht finden. Aber was für eine Zumutung sind diese alten Worte! Und erst recht das Nizänische Bekenntnis, das wir eben gesprochen haben. Auch da ist es so: Der natürliche Mensch in uns sieht darin einen Text mit einer veralteten Weltsicht, abständig, so was geht doch heute gar nicht mehr. Wenn ich das glauben soll – nein danke, dann lieber ohne mich! Man kann in diesen alten Worten aber auch ein Zeichen des Ringens der ersten Christenheit sehen, zusammenzubleiben. Wo es darum geht, sich trotz aller Verschiedenheit zu einer gemeinsamen Glaubens- und Lebenshaltung zu bekennen. Dass man so weit wie möglich beieinander bleibt und meidet, was am Ende in der Regel zu Blutvergießen führt: sich nicht mehr zu bemühen, die Welt mit den Augen des anderen zu sehen. So mag der geistliche Mensch in uns dieses alte Glaubensbekenntnis entdecken und begreifen: Ich kann mich davon tragen lassen, wenn wir es im Gottesdienst sprechen. Denn: Immer gibt es etwas, das ich als natürlicher Mensch nicht mitsprechen oder nachvollziehen kann. Aber andere können es und tun es. Und dass sie es für mich mittun, entlastet mich: Ich muss nicht alles können, ich muss nicht alles verstehen, ich muss nicht alles bekennen können und gehöre doch voll und ganz zur Gemeinschaft der Glaubenden. Wenn ich die Grenzen meiner Geschöpflichkeit geistlich erkenne – aber zugleich als mit Gottes Hilfe erweiterungsfähig –, dann kann mich das sehr entlasten – und andere auch. Ich denke, wer ein gemeinsames Bekenntnis beten oder sich zumindest hineinfallen lassen kann, der ist eher vor dem gefeit, was immer wieder als Ungeist durch alle Welt geht: Der Geist der Abgrenzung. Ich finde, es ist eine der größten Aufgaben für uns Christenmenschen weltweit, dass wir mit diesem Pfund wuchern, dass wir in all unserer Verschiedenheit durch das gemeinsame Bekenntnis beieinander bleiben können und uns auf dieser Basis gerade nicht immer nur liebhaben müssen, sondern uns kritisch auseinandersetzen. Vor lauter Angst, etwa die Gefühle von anderen zu verletzen, unterbleibt viel zu viel an nötiger Diskussion unter uns. Wie konnte es eigentlich dazu kommen, dass Leute immer wieder damit durchkommen, wenn sie sagen: Ich rede nicht mit dir, denn du benutzt die falsche Sprache. Was für ein antipfingstliches Armutszeugnis, das uns geschenkte Mittel zur Verständigung derart zu verdrehen, und wie weit verbreitet ist das! Ich wage mit Paulus und diesem Predigttext die These: Der natürliche Mensch ist befindlichkeitsgesteuert. Der geistliche nicht. Er »beurteilt alles«, heißt es hier. Heißt also als Dauerhausaufgabe für Christenmenschen: Wie kriege ich bei mir den geistlichen Menschen ans Ruder, der in mir selbst aufräumt und dort alles koordiniert? Warum haben wir solche Scheu, diesen

»geistlichen Menschen« öffentlich zu zeigen und über das zu reden, was wir glauben und was wir hoffen – wenigstens im geschützten Raum? Es spricht schon Bände, was ein Teilnehmer unseres Predigtkreises in der letzten Woche erzählt hat. Dass er als Vortragender in einer Evangelischen Akademie von deren Direktor angesprochen wurde: Sie waren der Erste hier, der mal über seinen Glauben gesprochen hat ... da weißt du nicht, ob du lachen oder weinen sollst ...

Aber natürlich: Auch unser geistlicher Mensch kommt an seine Grenzen. Und Pfingsten findet statt, wo dieser geistliche Mensch von Gott ordentlich aufgefrischt wird. Wo er versteht, ich bin nicht für mich selbst da, mein Auftrag heißt, aus mir selbst hinauszugehen. Hin zu den Menschen, um Gemeinschaft und Verbindendes zu suchen – wirklich richtig zu suchen. Pfingsten ist das Ereignis, bei dem sich dieser Wandel in uns vollzieht: von dem einen – natürlichen – zu dem anderen – geistlichen – Teil in uns. Vom Menschen, der die Welt nur natürlich betrachtet, zu einem Menschen, der sie auch geistlich zu deuten weiß. Der eine Sicht auf die Welt und die Menschen bekommt, die vom Geist Jesu geprägt ist, der sich als Atem in uns einnisten will. So haben wir es in der Kantate gehört, die aus dem Staunen darüber nicht herauskommt, dass Jesus und der Vater in uns einziehen wollen. So heißt es im Sopranrezitativ: »O, was sind das vor Ehren, wozu uns Jesus setzt, der uns so würdig schätzt, dass er verheißt samt Vater und dem Heiligen Geist in unseren Herzen einzukehren ...« Und der Bass ergänzt: »Dass er in unseren Herzen thronet, und wie in einem Himmel wohnet. Ach! Gott, wie selig sind wir doch!« O ja, in der Tat. Von wegen gilt, was der Volksmund sagt: »Pfingsten sind die Geschenke am geringsten«. O nein. Am größten sind sie! Sagt es bitte weiter.

Von den Ingenieuren der Liebe

Predigt über Lukas 16,19–31 und Bachkantate
»O Ewigkeit, du Donnerwort« (BWV 20), 1. Sonntag
nach Trinitatis, 23. Juni 2019

1. Coro
Oboe I-III, Violino I/II, Viola, Tromba da tirarsi col Soprano, Continuo

O Ewigkeit, du Donnerwort,
O Schwert, das durch die Seele bohrt,
O Anfang sonder Ende!
O Ewigkeit, Zeit ohne Zeit,
Ich weiß vor großer Traurigkeit
Nicht, wo ich mich hinwende.
Mein ganz erschrocken Herz erbebt,
Dass mir die Zung am Gaumen klebt.

2. Recitativo T
Continuo

Kein Unglück ist in aller Welt zu finden,
Das ewig dauernd sei:
Es muss doch endlich mit der Zeit einmal verschwinden.
Ach! aber ach! die Pein der Ewigkeit hat nur kein Ziel;
Sie treibet fort und fort ihr Marterspiel,
Ja, wie selbst Jesus spricht,
Aus ihr ist kein Erlösung nicht.

3. Aria T
Violino I/II, Viola,
Continuo

Ewigkeit, du machst mir bange,
Ewig, ewig ist zu lange!
Ach, hier gilt fürwahr kein Scherz.
Flammen, die auf ewig brennen,
Ist kein Feuer gleich zu nennen;
Es erschrickt und bebt mein Herz,
Wenn ich diese Pein bedenke
Und den Sinn zur Höllen lenke.

4. Recitativo B
Continuo

Gesetzt, es dau'rte der Verdammten Qual
So viele Jahr, als an der Zahl
Auf Erden Gras, am Himmel Sterne wären;
Gesetzt, es sei die Pein so weit hinausgestellt,
Als Menschen in der Welt
Von Anbeginn gewesen,
So wäre doch zuletzt
Derselben Ziel und Maß gesetzt:
Sie müßte doch einmal aufhören.
Nun aber, wenn du die Gefahr,
Verdammter! tausend Millionen Jahr
Mit allen Teufeln ausgestanden,
So ist doch nie der Schluss vorhanden;

Die Zeit, so niemand zählen kann,
Fängt jeden Augenblick
Zu deiner Seelen ewgem Ungelück
Sich stets von neuem an.

5. Aria B
Oboe I-III, Continuo

Gott ist gerecht in seinen Werken:
Auf kurze Sünden dieser Welt
Hat er so lange Pein bestellt;
Ach wollte doch die Welt dies merken!
Kurz ist die Zeit, der Tod geschwind,
Bedenke dies, o Menschenkind!

6. Aria A
Violino I/II, Viola, Continuo

O Mensch, errette deine Seele,
Entfliehe Satans Sklaverei
Und mache dich von Sünden frei,
Damit in jener Schwefelhöhle
Der Tod, so die Verdammten plagt,
Nicht deine Seele ewig nagt.
O Mensch, errette deine Seele!

7. Choral
Tromba da tirarsi e Oboe I/II e Violino I col Soprano, Oboe III e Violino II coll' Alto, Viola col Tenore, Continuo

Solang ein Gott im Himmel lebt
Und über alle Wolken schwebt,
Wird solche Marter währen:
Es wird sie plagen Kält und Hitz,
Angst, Hunger, Schrecken, Feu'r und Blitz
Und sie doch nicht verzehren.
Denn wird sich enden diese Pein,
Wenn Gott nicht mehr wird ewig sein.

8. Aria B
Tromba, Oboe I e Violino I, Oboe II e Violino II, Oboe III e Viola all' unisono, Continuo

Wacht auf, wacht auf, verlornen Schafe,
Ermuntert euch vom Sündenschlafe
Und bessert euer Leben bald!
Wacht auf, eh die Posaune schallt,
Die euch mit Schrecken aus der Gruft
Zum Richter aller Welt vor das Gerichte ruft!

9. Recitativo A
Continuo

Verlass, o Mensch, die Wollust dieser Welt,
Pracht, Hoffart, Reichtum, Ehr und Geld;
Bedenke doch
In dieser Zeit annoch,

Da dir der Baum des Lebens grünet,
Was dir zu deinem Friede dienet!
Vielleicht ist dies der letzte Tag,
Kein Mensch weiß, wenn er sterben mag.
Wie leicht, wie bald
Ist mancher tot und kalt!
Man kann noch diese Nacht
Den Sarg vor deine Türe bringen.
Drum sei vor allen Dingen
Auf deiner Seelen Heil bedacht!

10. Aria (Duetto) A T
Continuo

O Menschenkind,
Hör auf geschwind,
Die Sünd und Welt zu lieben,
Dass nicht die Pein,
Wo Heulen und Zähnklappen sein,
Dich ewig mag betrüben!
Ach spiegle dich am reichen Mann,
Der in der Qual
Auch nicht einmal
Ein Tröpflein Wasser haben kann!

11. Choral
Tromba da tirarsi e
Oboe I/II e Violino I
col Soprano, Oboe III
e Violino II coll' Alto,
Viola col Tenore,
Continuo

O Ewigkeit, du Donnerwort,
O Schwert, das durch die Seele bohrt,
O Anfang sonder Ende!
O Ewigkeit, Zeit ohne Zeit,
Ich weiß vor großer Traurigkeit
Nicht, wo ich mich hinwende.
Nimm du mich, wenn es dir gefällt,
Herr Jesu, in dein Freudenzelt!

Liebe Gemeinde,
das mag eine ziemliche Überraschung gewesen sein an jenem Juni-Sonntag 1724 in der Nikolaikirche. Zu Beginn der Kantate war eine französische Ouvertüre zu hören – die gewohnte Eröffnungsmusik für herrschaftliche Anlässe. Aber es war gar kein Christusfest an diesem 1. Sonntag nach Trinitatis. Vielmehr war es der Beginn der festfreien Zeit. Aber Bach wollte offenbar zwei Signale setzen. Ein formales: Hiermit beginne mein neues Kantatenjahr. Ja, sie ist eine frühe Zäsur in seinem Leipziger Schaffen, diese Kantate. Sie eröffnet den Zyklus der Choralkantaten. Aber auch ein inhaltliches Signal wollte Bach offenbar setzen. Denn hier geht es sehr wohl um die Ehrfurcht vor der Majestät des Herrschers. Denn gerade wo der Mensch der absoluten Macht begegnet, da wird es ernst. Wo er vor Gott selbst tritt – nicht vor einen Fürsten. Im Angesicht der Ewigkeit erkennt er, wer und was er ist. »O Ewigkeit, du Donnerwort, O Schwert, das durch die Seele bohrt.«

Erschrecken und Seufzen sind auf der ganzen musikalischen Linie zu spüren – und auch im Text: Das Unglück der Welt geht vorüber – das in der Ewigkeit nicht. So heißt es im Tenorrezitativ: »Kein Unglück ist in aller Welt zu finden, das ewig dauernd sei: Es muss doch endlich mit der Zeit einmal verschwinden. Ach, aber ach! Die Pein der Ewigkeit hat nur kein Ziel, Sie treibet fort und fort ihr Marterspiel ... aus ihr ist kein Erlösung nicht.«

Das befremdet uns schon. Genau wie wahrscheinlich auch die der Kantate zugrundeliegende Geschichte, das Gleichnis vom reichen Mann und dem armen Lazarus. Dieser unüberwindbare Graben zwischen dem in der Hölle schmorenden Reichen und dem in Abrahams Schoß ruhenden armen Lazarus. Der Reiche in die Hölle – der Arme in den Himmel, können wir das glauben, sollen wir das etwa glauben? Solch ein Schwarz-weiß, reich ist schlecht und arm ist gut – und zu Gottes Gerechtigkeit gehört die ewige Verdammnis und die Furcht vor dem göttlichen »Donnerwort« – ist das nur alter Kram aus der Bibel, den man vielleicht noch in der Bachzeit geglaubt hat? Aber heute doch nicht mehr!

In der Tat sind wir da erst mal konfrontiert mit einem Weltbild aus vorchristlicher Zeit über das Geschick der Toten in der Zwischenzeit bis zum Endgericht. Da gibt es eine durch einen Abgrund zweigeteilte Unterwelt: Im oberen Teil befinden sich die Gerechten im Schoß Abrahams, im unteren Teil die Verworfenen. Es hat also eine Art Vorgericht stattgefunden. Denen im oberen Teil geht es gut, die im unteren leiden Qualen durch Hitze und Durst – noch weit schlimmer als es in der Thomaskirche in dieser Woche während des Bachfests der Fall war. Und zusätzlich, kleine Extra-Strafe, müssen sie sich das Glück der von ihnen abgelehnten Frommen von Weitem anschauen.

Ja, so hat man sich das mal vorgestellt und das muss man sich klarmachen – und sich auch etwas frei davon machen, wenn man sich an den inneren Kern der Geschichte herantasten will. Denn hier geht es weniger um eine theoretisch-theologische Vorstellung von Himmel und Hölle, sondern um etwas anderes: Es geht um gescheiterte Beziehungen zwischen Menschen. Um verpasste Gelegenheiten. Darum, dass es ein ›zu spät‹ gibt. Und dass es immer, ja ewig, in unserem Leben um die sehr ernste Frage geht: Wonach richten wir unser Denken und Handeln aus? Und dass es nichts gibt, was keine Folgen hätte. Ein todernstes Thema – und daher, wenn man so will, das »Setting« dieser Geschichte. Der Reiche landet nicht in der Hölle, weil er reich ist und der Arme nicht in Abrahams Schoß, weil er arm ist. Hier geht es vielmehr um zwei Leben, die aneinander gescheitert sind. Das Leben des Armen scheitert an dem des Reichen. Er will Brot, wenigstens so viel, wie vom Tisch abfällt. Er bekommt es nicht. Er hat keinen Trost – außer den Hunden, die seine Wunden lecken. Hunde scheuchte man weg. Aber sogar sie sind fürsorglicher und liebevoller als der, der Lazarus schlicht ignoriert. Sofern er gelegentlich seine Tür benutzt, kann er ihn gar nicht übersehen. Aber er tut es.

So scheitert das Leben des Reichen auch an dem des armen Lazarus. Er hat keinen Namen, dieser Mann, der sonst alles hat. Er braucht ihn auch nicht. Er ist eh nicht ansprechbar. Er stirbt und wird begraben, heißt es – aber nicht nur und erst am Ende seines Lebens. Er hat sich sein purpurnes Prunkgrab schon selbst gebaut. Hat sich eingesperrt in das Gefängnis seiner Selbstsucht, in seine selbst erschaffene Hölle. Selbst hier noch behandelt er Lazarus wie einen Knecht, der aus Abrahams Schoß heraus ihm dienen möge. Er will ihn kommen lassen, spricht ihn noch nicht einmal selbst an, obwohl er ihn sehr wohl mit Namen kennt. Ihn, der Tag für Tag vor seiner Tür lag. Kein Wunder, dass es über ihn schlicht nur heißt: Er wurde begraben. Das ist es dann aber auch. Er ist allein, getrennt von allem, gefangen in sich. Alles zusammen – die Hölle.

Der Arme dagegen wird nicht begraben. Er ruht in Abrahams Schoß. Da haben wir am ehesten eine Vorstellung davon, wie das ist. Sicher sein, beschützt, hier kann man sich ausruhen, endlich. Von dem Bild sollten wir nichts ermäßigen. Es ist einfach die Ruhe und der Trost der Elenden. Einfach Gnade, die nicht fragt: Hat er das auch verdient. Er hat einen Namen: Lazarus. Von El'asar. Gott hilft. Ein symbolischer Name. Gott hilft denen, denen die Menschen nicht helfen. Der Gedanke, dass es eine Gerechtigkeit gibt, dass Gott dafür sorgt, ohne den Nebengedanken – ach im Himmel wird es besser, dann halte hier das Schlechte aus. Nein, es ist pures Erbarmen – das, wovon Jesus sagt: Wenn ihr vollkommen sein wollt, dann lernt es – dieses Erbarmen.

Aber wir kommen nicht heran, natürlich nicht. Aber das ist auch nicht der Punkt in dieser Geschichte. Sondern es geht um die Frage: Bleiben wir zugewandt? Suchen wir eine Beziehung – und versuchen zumindest das, was wir tun können mit unserem Verstand und unseren Möglichkeiten? Oder was haben wir im Blick? Die Geschichte ist schon eine Geschichte vom Gericht über diese Fragen. Und somit ein Schatz der Bibel, der nicht nur Bach zu einer in jeder Hinsicht großen Kantate inspiriert hat. Sie stellt die Frage, wie wir übersehen können, was vor unserer Tür los ist. Vor unserer eigenen in unserer Straße. Und auch vor den Türen Europas. Sie fragt uns an, ob wir nicht genauso wie der Reiche viel zu sehr mit uns selbst beschäftigt sind. Sie fragt uns an, ob wir mehr damit beschäftigt sind, unsere Türen von innen zuzuhalten, als damit, Lösungen für die da draußen mitgestalten zu wollen.

Aber anders als in der Geschichte sind wir nicht in der Position dessen, für den es zu spät ist. Wir sind noch nicht tot, hoffentlich. Wir sind noch in der Lage, den Weckruf des zweiten Teils der Kantate zu hören: »Wacht auf, wacht auf, verlorenen Schafe, Ermuntert euch vom Sündenschlafe und bessert euer Leben bald«. Für uns ist es noch nicht zu spät. Das wird dem Reichen im Gespräch mit Abraham klar. Er will seine fünf Brüder warnen. Und vielleicht ist es tatsächlich angemessener, dass wir uns mit ihnen statt mit dem Reichen identifizieren. Dass wir uns an das erinnern lassen, was Abraham hier sagt und dass es genug ist als Basis für unser Denken und Handeln. »Sie haben Mose und die Propheten, die sollen sie hören.« Das ist scheinbar lapidar, dem Reichen ist es das jedenfalls. »Nein, das reicht nicht«. Aber Abraham entlarvt ihn: Wunder, die Spielregeln der Schöpfung außer Kraft setzen, werden es nicht sein, die uns verändern werden. Ein Showstück namens Totenerweckung wird uns vielleicht fünf Minuten faszinieren oder auch fünf Stunden erschüttern. Aber es wird nichts in uns bewegen, nichts in uns verändern, die schnelle Nummer. Mit Mose und den Propheten, mit denen müssen wir uns *auseinandersetzen*. Wenn wir auf die *hören* sollen, dann geht es um deren Botschaft. Nicht um den Buchstaben, sondern um den *Geist*. Um das, was hören kann, wer Ohren zu hören hat. Was sagen sie uns denn? Mose sagt: Ihr seid freie Menschen. Ihr seid die Ägypter los. Gott hat euch aus jeder knechtenden Bindung befreit. Die Propheten sagen: Nehmt diese Freiheit an und nehmt sie ernst und gestaltet sie. Als freie Menschen seid ihr dazu berufen – und daher auch verpflichtet. Ihr seid verpflichtet dazu, Recht und Gerechtigkeit zu schaffen.

Hier, in beidem, liegt der Schlüssel bzw. hier befindet sich die Brücke zur Überwindung der Kluft zwischen arm und reich. Wer die Kluft zu seinem Nächsten nicht überwindet und nicht sieht, was nötig ist, der hat auch keine Brücken, auf denen etwas zu ihm zurückkommen kann. Das kann von Fall zu Fall ganz unterschiedlich aussehen. Gerade das herauszufinden, auszudiskutieren, mutig anzugehen – all das, was im weitesten Sinne »hören« ist – darum geht's. In der Bibel gibt es keine Patentrezepte und Vorschriften, die sich eins zu eins auf unsere Zeit übertragen lassen – wir merken's ja schon bei dieser Geschichte. Ums Hören geht's, immer wieder neu. Und hier, genau an dieser Stelle, wird es durchaus jesuanisch in diesem Gleichnis. Selig werden, sagt Jesus, das werden wir nur durch die Liebe zu Gott und zum Nächsten. Das ist das ganze Gesetz und die Propheten – und diesen Geist gilt es zu hören. Und was dann? Man könnte sagen: Ingenieure werden und Brücken bauen. Ingenieure der Liebe. Sich Gott und dem Nächsten zuwenden als Grundlage für alles Denken, Tun und Handeln. Und als Prüfstein für alles, so dass man auch die Gegenprobe machen kann: Bin ich noch auf diesem Weg? Höre ich noch den Geist von Mose und den Propheten? Lebe ich noch in dieser wunderbaren Spannung »Ich bin frei« und »Ich bin verpflichtet«?

Den Himmel schaffen wir damit nicht. Aber wir können wohl daran arbeiten, die Folgen der Hölle abzumindern. Irgendwie ahnt der Reiche, dass er seinen Brüdern das mitteilen müsste. Die Hölle verhindern. Dass man das zu leben versucht. Auch denen gegenüber, die wie der Reiche diesem Ansatz gegenüber ausrufen: Nein! Nein, wir wollen nicht auf so etwas wie Mose und die Propheten hören. Wir fordern mindestens Totenauferweckung! Dann, ja dann sind wir vielleicht zufrieden. Aber Abraham geht dem nicht auf den Leim. Wo die Antwort auf den Geist von Mose und den Propheten ein so klares »Nein« ist – da tut sich eine Kluft auf. Und da gibt es tatsächlich keine Verbindung. Dort, wo der Geist, für den Mose und die Propheten stehen, gar nichts mehr wert ist, da ist dann schnell Platz für anderen Geist. Für den Geist der Enthemmung, der Gleichgültigkeit, des Hasses und der Gewalt. Da ist Platz für den Geist, der sich um ein Menschenleben nicht mehr schert, dem es schlicht egal ist, ob Menschen auf der Flucht im Mittelmeer ertrinken. Oder der sich an kruden Phantasien und Verschwörungstheorien ergötzt, was erschreckend salonfähig ist auch in bürgerlichen Kreisen in diesen Tagen nach dem Mord an dem hessischen Regierungspräsidenten Walter Lübcke. Phantasien können schon Taten folgen, wo sie ordentlich befeuert werden. Taten, die all das in den Abgrund stampfen, was uns zusammenleben und Brücken bauen lässt: Dass das Leben und die Würde des anderen von uns unangetastet bleiben muss – bzw. mehr: dass man sich dafür starkzumachen hat. *Diese* gegensätzlichen Geister sind nicht vereinbar, da gibt es keine Brücke. Für die Menschen aber schon – das muss man klar auseinanderhalten.

Die Hölle machen wir uns selbst. Wir können sie selbst schaffen auch und gerade in dieser Beziehung. Langsam und schleichend, wenn wir nicht mehr wahrnehmen wollen, was auf der Schwelle unseres Hauses passiert. Plötzlich, auf einmal sind wir drin. Diese Warnung an die fünf Brüder sollten wir aufmerksam wahrnehmen. Warum eigentlich fünf? Zum Ersten: Es ist die Zahl unserer Sinne. Zum Zweiten: Sie sagt, wie wir sind. Friedrich Schiller schreibt in den Piccolomini: »Fünf ist des Menschen Seele. Wie der Mensch aus Gutem und Bösem gemischt, so ist die Fünfe die erste Zahl aus Grad und Ungerade.« Und zum Dritten ist sie auch die Zahl der Liebe. Dass die fünf Brüder etwas davon begreifen mögen, darin liegt die Hoffnung in dieser Geschichte. Und dass sich so wie in der Kantate der Blick auf die Ewigkeit wandelt: vom »Donnerwort« bis zum letzten Wort des Schlusschorals – dem »Freudenzelt«, das uns Schutz sei vor Hitze, Qual und Pein.

Gelassene Unruhe

Predigt über Lukas 12,15–21, Erntedank, 1. Oktober 2023

Es sprach aber einer aus dem Volk zu Jesus: Meister, sage meinem Bruder, dass er mit mir das Erbe teile. Er aber sprach zu ihm: Mensch, wer hat mich zum Richter oder Schlichter über euch gesetzt? Und er sprach zu ihnen: Seht zu und hütet euch vor aller Habgier; denn niemand lebt davon, dass er viele Güter hat. Und er sagte ihnen ein Gleichnis und sprach: Es war ein reicher Mensch, dessen Land hatte gut getragen. Und er dachte bei sich selbst und sprach: Was soll ich tun? Ich habe nichts, wohin ich meine Früchte sammle. Und sprach: Das will ich tun: Ich will meine Scheunen abbrechen und größere bauen und will darin sammeln all mein Korn und meine Güter und will sagen zu meiner Seele: Liebe Seele, du hast einen großen Vorrat für viele Jahre; habe nun Ruhe, iss, trink und habe guten Mut! Aber Gott sprach zu ihm: Du Narr! Diese Nacht wird man deine Seele von dir fordern. Und wem wird dann gehören, was du bereitet hast? So geht es dem, der sich Schätze sammelt und ist nicht reich bei Gott.

Liebe Gemeinde,
vor einigen Jahren hat das Evangelische Bauernwerk in Baden-Württemberg die Kirche aufgefordert, diesen Text nicht mehr als Predigttext am Erntedankfest zu verwen-

den. Mit der Begründung: »Das Bild eines Bauern, das darin dargestellt wird, schlägt unseren Landwirten, die am Erntedankgottesdienst teilnehmen, mitten ins Gesicht.« Nun, es hatte wohl eher mit dem Leben seiner Hörer zu tun, dass Jesus sich dieses Bildes bediente. Heute hätte er vielleicht eine andere Berufsgruppe für sein Gleichnis verwendet. Ich denke, wir sind uns einig, worum es hier letztlich geht: Um jede und jeden von uns. Was über alle kulturellen und historischen Grenzen eindeutig zu vernehmen ist, ist diese Botschaft: Es funktioniert nicht, das Leben durch Sorge in den Stand der Sorglosigkeit zu bringen.

Wir begegnen hier einem Menschen, der alles, was er erreicht hat, ausschließlich für ein kalkulierbares Ergebnis des eigenen Tuns hält. Dabei geht es gar nicht um die Frage, ob Vorsorge nun sinnvoll ist oder nicht. In der Josefsgeschichte des Alten Testaments ist Josef ja gerade der Held, weil er es versteht, aus den sieben fetten Jahren Vorräte für die sieben mageren Jahre anzulegen. Hier, beim Kornbauer, ist es ganz anders. Es ist eine einzige große Sorge, die ihn antreibt – die Angst vor dem Leben selbst. Er rührt mich an, dieser Mensch, ich erkenne in ihm eine Seite von mir: Ich suche genauso nach Sicherheit in meinem Leben, ich rede ständig mit mir selbst wie dieser Mensch: »Was soll ich tun?« Ich stelle mir diese Frage von morgens bis abends. Mit dem Ergebnis, dass ich oft um mich kreise und Selbstgespräche führe wie dieser Mensch. Ich suche nach Sicherheiten an den falschen Stellen, immer wieder, denke, wenn ich dies und das noch hätte oder wenn dies oder das so kommt, dann kann ich mich zurücklehnen und meine Seele hätte Ruhe. Und glaube immer wieder gern und von Neuem, dass meine innere Unruhe damit beendet ist, wenn ich mir Dinge verfügbar mache.

Aber das, liebe Gemeinde, ist die größte Illusion, die für uns gerade zusammenbricht. Die Illusion, ganz viel verfügbar zu haben, was wir lange für selbstverständlich gehalten haben – sie fällt gerade krachend in sich zusammen. Corona hat uns gezeigt, dass wir nirgends auf dieser Welt und zu keiner Zeit vor Seuchen gefeit sind. Der russische Angriffskrieg in der Ukraine zerstört unsere bisherige Vorstellung einer europäischen Friedensordnung. Wir lernen im Portemonnaie wieder bzw. zum ersten Mal, was Inflation bedeuten kann und begreifen nach und nach, wie sehr wir im Vergleich zum Rest von Europa und überhaupt auf der Welt von nahezu unanständig billigen Grundnahrungsmitteln gelebt haben – in Sachen Energie ist das ähnlich. Und nicht zuletzt wird in diesen Tagen und Wochen, auch durch das, was sich gerade in Berg-Karabach abspielt, auch dem Letzten klar werden: Wir hier in der sogenannten ersten Welt in Europa können uns vor einer weltweiten Fluchtbewegung von Menschen, die vor Terror, Dürre, Flut, Armut etc. zu fliehen versuchen, nicht einfach nur abschotten dadurch, dass wir andere – und da sind ja einige drunter, die nicht zimperlich sind – dafür bezahlen, die Grenzen Europas bitte zu schließen für diese Bewegung. Nach dem Motto: Zäune hoch, dann ist alles gut und wir können weitermachen wie bisher. Wie lange soll das bitte noch gutgehen? Wir werden daraus aufwachen müssen so langsam um der Menschheit willen, es geht hier doch um nichts weniger als unser aller Leben, um das derer, die in ihrer Not losziehen als auch um die, die vor der Frage stehen, wie viele sie denn noch aufnehmen können und wie das alles bewältigt werden will. Wo ist denn da im Moment die Perspektive? Und wie kann da ein internationaler Kraftakt gelingen im Moment, vor allem, wenn man damit eher Parteipolitik macht statt es als eine der größten Herausforderungen der Menschheit zu betrachten? Und ständig Ängste zu schüren, dass es halt nicht reicht, nicht reichen kann für alle, dass die Scheunen halt zu klein sind? Das ist ein Riesenthema nicht nur für die deutsche und europäische Politik, sondern für die ganze Menschheit.

Für meinen eigenen Umgang mit diesen Fragen kann der Text ein bisschen helfen. Denn: Vielleicht würde der Kornbauer im Gleichnis anders leben können mit seinen Ängsten, wenn er die Frage »Was soll ich tun?« nicht zu schnell und einsam beantwortet mit »Das will ich tun« oder »Das muss man jetzt tun«. Vielleicht würde es ihm guttun, erst mal zu fragen: Wie kann ich damit leben, dass es nun mal Sorgen und Ängste gibt, gegen die nichts hilft, aber sie sind einfach Teile meines Lebens? Und was müsste ich ändern, um das hinzubekommen? Ich denke, dass wir das nicht richtig gut können, mit diesen Fragen umzugehen. Und so stehen wir in der Gefahr, Leuten nachzulaufen, die unsere Ängste und Verunsicherungen aufnehmen und uns wahrmachen wollen: Doch, wir können euch diese Sorgen nehmen, und zwar, indem wir die Illusion von einem sorglosen Leben bedienen mit festen Grenzen, mit unten und oben, schwarz und weiß, gut und böse und in dem wir uns (ohne die anderen, die dem nicht entsprechen) abschotten – und dann ist alles gut. Wir sorgen dafür, dass ihr immer so weiter machen könnt, wie ihr es gewohnt seid. Ja, an diesen Illusionen hängen wir einfach und wir sind da auch versuchbar. Wir hängen daran wie der Kornbauer, auf diese Weise guten Mut zu haben, und es uns wie er einzureden. Aber eigentlich wissen wir: Das führt uns direkt in den Missmut, wir werden alles andere als froh, sondern verbissen, verängstigt, unsicher und wir trauen auch unseren eigenen kleinen Scheunen nicht mehr, halten sie für zu klein, wollen sie abreißen. Es ist närrisch, in der Tat!

Hier hilft uns der Anfang der Geschichte. »Niemand lebt davon, dass er viele Güter hat.« Das sagt Jesus dem Erbgierigen der beiden Brüder. Ja, werde reich in deinem Leben, aber mache es richtig, werde reich bei Gott. Was heißt das? Ich denke, zunächst dies: Auf Gott hin zu leben. Der reiche Kornbauer ist ja nur bei sich, ich, meine Scheunen, mein kleines Leben – ganz anders als Josef, der Vorräte schafft, damit alle leben. »Reich bei Gott«, das bedeutet, sich offen zu halten für das, was kommt. Die Ruhe, nach der sich der Kornbauer sehnt, enthält dieses Moment der Offenheit ja gerade nicht. Unser Wunschtraum von »Ruhe« will abgeschlossene Verhältnisse. Aber die einzige Ruhe dieser Art ist der Tod! Zu Lebzeiten gibt es solch eine Ruhe nur als Gelassenheit, die mein Leben heute bestimmt. Der dänische Philosoph und Theologe Sören Kierkegaard hat das einmal so ausgedrückt: »Gottes zu bedürfen ist des Menschen höchste Vollkommenheit.« Was dem Menschen fehlt, was uns fehlt – wir finden es nicht in vermehrter Anstrengung oder Optimierung unserer Selbst, was immer es ist, Körper, Ernährung, Spiritualität und was auch immer auf dem Jahrmarkt der Eitelkeiten für teures Geld zu erwerben ist. Wir finden es hier nicht, wir finden es in Gott, der uns zu seinem Gegenüber geschaffen hat. Vollkommen werden wir nur in dem Maße, wie wir Fehlendes nicht aus uns selbst heraus zu ersetzen suchen, sondern es in Gott suchen – und finden. Gott ist die offene Stelle in jenem Organismus, der tot ist, sobald diese Öffnung geschlossen wird.

Lebendig sein heißt also immer auch unruhig sein. Den Mut zu haben, auf die kleinen Vorräte zurückzugreifen, darauf zu vertrauen, die Scheunen meines Lebens sind groß genug, da muss nicht mehr rein. Es heißt, sich dem auszusetzen, was die Zeit bringt und was werden kann. Es heißt, sich abzufinden damit, dass Leben und Sorge miteinander verknüpft sind und zu begreifen, dass auch sinnvolles Vorsorgen daran nichts ändert. Aber dass dieses Problem auch eine Chance des Menschen sein kann, dass er hierin seine Freiheit findet. Dass er sein Leben als gesegnet empfindet, auch wenn man das Widerständige, Harte, Dunkle und Böse noch nicht hinter sich hat. Was wir als gegen uns gerichtet empfinden, kann in Wahrheit für uns sein. So danken wir am heutigen Erntedanktag ja auch und gerade dafür, dass das Korn geschnitten, gedroschen und gemahlen wurde. Es musste sein, sonst wäre es kein Brot geworden. Gerade im Unangenehmen kann sich das Angenehme im Leben neu herausbilden. Das ist die Chance, uns nicht als Opfer zu verstehen, sondern als Subjekte des eigenen Lebens. Wir sind nicht getretene Opfer des Lebens, sondern gesegnete Menschen.

Und wie geht das nun, sich Schätze sammeln, die reich bei Gott machen? Es bleibt offen im Gleichnis bei Lukas, aber vom jetzt Überlegten her könnten es diese Dinge sein, die man in seinen persönlichen Erntedankstrauß einbinden kann:

1. Alles zu tun, was einen dazu bringt, dass man sich nicht in sich selbst verschließt.
2. Das Zweit- und Drittwichtigste im Leben nicht für das Wichtigste halten.
3. Alles zur Sprache bringen, was uns denken lässt: Wir haben so vieles, was unser Leben reich macht. Depressiven wird ja oft verordnet, jeden Tag drei Dinge in ein Heft zu schreiben, für die man dankbar ist. Das können wir eigentlich alle mal machen, ich stelle mir gern vor, was sich dann verändern würde. Wie auch immer: Alles ist gut, was uns hilft, unsere Lebensangst in den Griff zu bekommen. Das unangenehme Gefühl, egal, was ist, ich habe immer zu wenig, es geht nicht gut, ich stürze ab. Der Dank ist ein probates Mittel dagegen. Sich nicht fressen zu lassen von der Angst, sondern ihr selbst die Grenze zu setzen.
4. Alles zu tun oder anzustreben, was meiner Habgier entgegensteht. Der Kornbauer nimmt ja auch anderen die Luft zum Leben, indem er sein Getreide wegsperrt. Die absurde Marktstrategie der künstlichen Verknappung von Gütern ist ja nicht nur im Modus des Weltweiten zu beobachten, sondern auch auf persönlicher Ebene:

Was enthalte ich anderen vor? Wo enthalte ich mich anderen vor? Wage ich es auch mal, mich anderen zu überlassen?

5. Damit zusammenhängend: Es wagen, auch mal ein paar Regale im Vorratshaus unseres Lebens leer zu lassen. Im Alten Testament findet sich das Gebot, bei der Ernte immer einige Reste auf dem Feld zu lassen. Nicht alles abzuernten, sondern den Armen etwas zu lassen. Und auch den Acker nicht komplett abzusammeln, sondern ihn anderen zu überlassen, um dort auch noch etwas zu finden. Ich habe neulich mal eine schöne Karte geschenkt bekommen, da stand drauf: Um Himmels willen, ich bitte Dich, lass Dir auch mal etwas entgehen!

6. Zu den schönen Gaben auf den Altar des Lebens auch einen Korb stellen, wo mal nicht nur die Lebensware der Güteklasse A drin ist, sondern die angeschlagenen Früchte ohne blendende Form. Sie sind für unser Leben mindestens genauso nährstoffhaltig und kraftspendend wie das gut Gelungene – und auch für sie können wir durchaus danken.

Vielleicht kommt unsere Seele so am ehesten zu ihrer Ruhe, nach der sie sich sehnt und findet sich damit ab, dass wir unruhige und zuweilen getriebene Gestalten sind. Einen Versuch ist es wert und Nachdenken hat noch nie geschadet.

Unser Platz ist auf den Dächern

Predigt über Matthäus 10,26b–33, Reformationstag,
31. Oktober 2017

Liebe Gemeinde,
500 Jahre Reformation – die Evangelische Kirche in Deutschland wollte das Gedenken an Luthers Thesenanschlag nutzen, um die Relevanz der christlichen Botschaft in der Gesellschaft sichtbar zu machen. Ist ihr das geglückt? Seit Wochen geht es schon los mit der Auswertung, da gibt's freundliche wie heftige Kritik, alles zwischen großartigem Christusfest bis hin zum verschenkten Jahr, alles von der wunderbaren Überarbeitung der Luther-Bibel bis hin zur rätselhaften Selbstbanalisierung durch den Verzicht auf jedweden protestantischen Choral im zentralen Festgottesdienst vor der Kulisse Wittenbergs. Da ist große Freude über das internationalste und ökumenisch offenste Reformationsjubiläum aller Zeiten bis hin zur Analyse dessen, wo es um den Zustand unserer Kirche besonders traurig bestellt ist. »Happy-Clappy«, wie es die Süddeutsche Zeitung schreibt, statt inhaltlicher Substanz? Außer Spesen, die sehr hoch gewesen sind, nichts gewesen? Nun, bislang ist weder die Kritik aus Presse und Fernsehen noch die aus den eigenen Reihen besonders wohlgelitten bei den Verantwortlichen, wer lässt sich das auch gerne sagen. Und muss es nicht Zeit für Begeisterung geben über das, was gelungen ist – und die Kritik kommt dann schon noch früh genug?

Mir geht es heute nicht um eine solche Auswertung, Ich halte das auch für zu früh. Es geht mir aber um das, was man bei vielen Reaktionen auf diese Kritik bei uns in der Kirche wahrnehmen kann. Um eine latent beleidigte Verteidigungshaltung: Es war doch nicht alles schlecht, nur weil die Zahlen nicht stimmten. Das ist der Tenor bisher. Aber um was geht es bei dieser Haltung? Um Loyalität oder das Bedürfnis, den nötigen Streit erst mal intern zu führen? Oder zeigt sich da eben doch unsere mangelnde Bußfertigkeit? Das allerdings stünde theologisch in krassem Widerspruch zu der Entscheidung, den Zeitpunkt der Thesenveröffentlichung Luthers am 31. Oktober 1517 zum Termin für das Reformationsgedenken gemacht zu haben. Denn: Mit nichts anderem beginnt ja die Reformation des Glaubens nach Jesus und die Reformation der Kirche nach Luther: Mit dem Nachdenken über die Umkehr. Der Aufruf zur Buße und Umkehr ist immer das Erste, was nötig ist. Das ist der Zugang zu letztlich allen großen Themen der Reformation. Nicht zuletzt deshalb hat man 1667 den Reformationstag auf den 31. Oktober gelegt. Vorher fand das Gedenken an Luthers Geburts- oder Todestag statt oder am 25. Juni als Gedenktag der Augsburger Konfession. Damit wollte man deutlich machen: Reformationsfeste sind keine Heldengedenktage. Sondern es sollte um das grundsätzliche Anliegen gehen. Um das Evangelium vom menschenfreundlichen gnädigen Gott. Um die Gottesunmittelbarkeit jedes Einzelnen. Dass er als von Gott befreiter Mensch dem letztbestimmenden Einfluss aller anderen Mächte und vor allem seiner Ängste entrissen ist. Seiner Ängste vor Gott und den Menschen, seiner

Ängste vor der eigenen Bedeutungslosigkeit, die ihn verzweifelt strampeln lassen: Ich versuche doch alles, ich bin doch gut!

In einer bemerkenswerten Predigt zum Reformationstag 1932 bringt das der damals 26-jährige Pfarrer Dietrich Bonhoeffer auf den Punkt, schon ahnend, durchschauend, worauf die Kirche seiner Zeit zusteuerte:

»Hören wir's denn nicht? Protestantismus heißt nicht unser Protest gegen die Welt, sondern Gottes Protest gegen uns .... wir wissen, dass gerade der Reformationstag der stärkste Feldzug Gottes gegen uns ist. Aber wir wollen es nicht wahr haben, nicht vor uns und unserer Welt. Wir haben Angst, wir sind diesem Angriff, diesem Protest nicht gewachsen; wir haben Angst, wir blamieren uns vor Gott und der Welt, wenn wir das eingestünden. Und darum machen wir solchen Lärm um diesen Tag ..., nur damit die Menschen unsere Schwäche nicht merken, ja damit wir sie selbst vergessen. Nein, wir haben keine Zeit mehr für solch feierliche Kirchenfeste, in denen wir uns selbst darstellen, wir wollen nicht mehr die Reformation feiern. Lasst dem toten Luther endlich seine Ruhe und hört das Evangelium, lest seine Bibel, hört hier das Wort Gottes selbst. Gott wird uns am jüngsten Tage gewiss nicht fragen: Habt ihr repräsentative Reformationsfeste gefeiert? Sondern: Habt ihr mein Wort gehört und bewahrt?«

Man kann das fast wie einen kritischen Kommentar zu 2017 verstehen: Was hat unsere ganze Reformationsfeierei bisher ausgetragen? Wo haben wir gefragt, nach

Umkehr bei uns persönlich und in unserer Gesellschaft? Was hat dieses Jahr bestimmt und bestimmt es noch? Der Mut zum neuen Anfang aus dem heraus, was uns leider in der Kirche schon lange nicht gelingt und wo wir das Erbe der Reformation in vielem leider mehr schlecht als recht verwalten? Oder ist es eher die unevangelische Angst vor der eigenen Bedeutungslosigkeit? Bzw. die ängstliche Bezogenheit auf sich selbst, wenn wir in unserer Landeskirche unsere Synoden fast ausschließlich mit Strukturfragen beschäftigt haben – allerdings ohne genug über das zu sprechen, wo wir inhaltlich eigentlich hinwollen und was unsere Krise eigentlich ausmacht, in der wir ohne Frage stecken.

Ich frage es einfach mal. Es geht mir nicht um Miesmacherei des Reformationsjubiläums. Da gab und gibt es wunderbare Dinge und großartige Momente. Es geht mir um die Frage, ob wir von diesem Mut der Umkehr leben können. Ob uns das trägt und ob wir mutig, befreit, entlastet von der Angst um uns selbst neue Wege gehen können und zugleich unsere Traditionen lebendig und modern zu leben. Dafür scheint mir die latente Angst um sich selbst, die gekränkte Verteidigungshaltung im Moment kein guter Partner zu sein, wobei ich nicht verhehlen kann, dass ich diese Ängste auch bei mir selbst kenne.

Aber die Thematik des Reformationstags und unseres heutigen Predigttexts geben dazu Anlass, diese Fragen anzusprechen und zu gucken, wie verhalten wir uns denn zu diesen Ängsten und was hilft uns, aus ihnen aus- und aufzubrechen?

Es ist eine Frage von Menschenfurcht und Gottesfurcht. Darum geht es im Predigttext aus dem Matthäusevangelium im 10. Kapitel, wo Jesus seine Jünger aussendet und ihnen sagt:

Es ist nichts verborgen, was nicht offenbar wird, und nichts geheim, was man nicht wissen wird. Was ich euch sage in der Finsternis, das redet im Licht; und was euch gesagt wird in das Ohr, das predigt auf den Dächern. Und fürchtet euch nicht vor denen, die den Leib töten, doch die Seele nicht töten können; fürchtet euch aber viel mehr vor dem, der Leib und Seele verderben kann in der Hölle. Kauft man nicht zwei Sperlinge für einen Groschen? Dennoch fällt keiner von ihnen auf die Erde ohne euren Vater. Nun aber sind auch eure Haare auf dem Haupt alle gezählt. Darum fürchtet euch nicht; ihr seid besser als viele Sperlinge. Wer nun mich bekennt vor den Menschen, den will ich auch bekennen vor meinem himmlischen Vater. Wer mich aber verleugnet vor den Menschen, den will ich auch verleugnen vor meinem himmlischen Vater.

Natürlich landen wir beim Thema »Gottesfurcht und Menschenfurcht« auch bei Luther selbst. Kaum einer hat sich nach allen Regeln der Kunst so zu fürchten gelernt wie er. Bis ihm aufgegangen ist: Gottes Gerechtigkeit bedeutet kein Aufrechnen aller Taten im Verhältnis 1:1, sondern sie ist das, was Gott dem schenkt, der ihm glaubt. Andererseits hatte ihn seine Furcht aber auch gelehrt: Wenn man Gott fürchtet, dann braucht man die Menschen nicht zu fürchten. Menschenfurcht wird durch Gottesfurcht überwunden.

Deshalb konnte er im entscheidenden Moment mehr Mut als Angst haben. Er hatte verstanden: Allein Gott hat Anspruch auf unser Leben. Und niemand sonst, kein Landesherr, kein Bischof und kein Papst. Allein das soll die Gewissen formen und prägen. Sein Anspruch auf unser ganzes Leben, der sich im Evangelium von Jesus Christus hören lässt. Und dies eben nicht nur in der Kirche, sondern überall. Wie in dieser Rede Jesu an die Jünger soll jeder Christenmensch an seinem Ort für die Kommunikation des Evangeliums verantwortlich sein: die Väter und Mütter zuhause, die Knechte und Mägde, wo sie arbeiten, alle. Das gilt auch für unsere heutige Lebens- und Berufswelt. Gottesdienst findet auch im Alltag statt. Deshalb wird allen dieser Dienst aufgetragen, zugetraut – und auch zugemutet. Zwei Dinge fallen mir dabei ins Auge:

Zum Ersten: Wort und Wille Jesu *werden* sich durchsetzen. Nichts wird geheim bleiben. Daran ändert auch die potentielle Unfähigkeit der Beauftragten nichts. Das ist die gute Nachricht, die uns hilft, uns unserer Schwäche zu stellen und trotzdem mutig weiterzumachen. Gott wird auch weiter beständig sein Wort in unsere Ohren reden, vielleicht sogar so lange, bis wir es endlich verstehen. Zumindest steht alles unter der Verheißung, dass Jesus uns bekennt vor Gott – auch mit all unserer Unfähigkeit und Furcht.

Und zum Zweiten: Dieser Glaube ist nicht einzig und allein Privatsache. Jedenfalls für Christen nicht – das wird den Jüngern hier im Matthäusevangelium klar gesagt. Auch wenn uns das Wort Jesu ins Ohr gesagt wird, auch wenn unser Glaube sich höchst individuell entwickeln mag: Unser Platz ist *auf* den Dächern. In der Stadt, in der Öffentlichkeit. Wer das Wort Jesu dort sagt, wird nicht nur auf Begeisterung stoßen. Gerne sei dazu am Reformationstag an die alte römisch-katholische Sitte bei der Firmung erinnert: Früher bekam der Firmling eine kräftige Ohrfeige vom Bischof verpasst, damit er weiß: Das kann dir blühen, wenn du dich zum christlichen Glauben bekennst. Das möge zwar um Gottes willen weder in der katholischen noch in der evangelischen Kirche wieder bzw. neu eingeführt werden – aber über die Symbolhaftigkeit kann man ja mal nachdenken. Verbale Schläge für das einzustecken, als »Gutmensch« lächerlich gemacht zu werden für das, was vom Evangelium her zu sagen ist – na ja, das gehört dazu. Es ist kein Grund, die Öffentlichkeit zu scheuen. »Fürchtet euch nicht«, das sagt Jesus hier gleich zweimal. Und es kommt noch 363-mal in der Bibel vor, damit es sich uns jeden Tag einprägt: »Sagt, was ihr zu sagen habt.«

Was ist das heute am 31. Oktober 2017? Was sehen wir da von den Dächern aus? Was ist zu sagen in Sachen Gottes- und Menschenfurcht? Und welche Impulse aus der Reformation sind dabei hilfreich?

Wir haben es in der Thomaskirche in diesem Jahr versucht mit drei der großen reformatorischen Themen: Freiheit, Bildung, Verantwortung. Wir haben es zumindest versucht, das immer wieder zur Sprache zu bringen in der Seelsorge, in der Predigt, im Unterricht, eigentlich überall: Ich muss mein Leben nicht selbst rechtfertigen. Ich muss nicht erst etwas werden, damit ich etwas bin. Was bei Luther die Angst vor dem gerechten Gott war, der Gut und

Böse gegeneinander aufwiegt, ist heute eher die Stimme dieses uns ebenfalls durch's Ohr eingeflüsterten unerbittlichen »Ich muss, ich muss, ich muss, sonst bin ich nichts.« Aber nein, ich muss nicht. Ich muss im Leben gar nichts. Sterben: Ja. Aber ansonsten gilt: Ich kann und darf. Wenn – wie Jesus sagt – schon Sperlinge nicht vom Himmel fallen, um wie viel mehr ist mein Leben gehalten! Aus *dieser* Freiheit heraus können und sollen wir reden, handeln, gestalten. Wenn für uns die Reformation bis heute relevant ist, stellt sich die Frage: Wie können wir Menschen, Kindern, Jugendlichen diese Lebenshaltung nahebringen: Ich bin ein freier, geliebter Mensch, ich muss dem nicht verzweifelt nachjagen. Ich bin es schon. Ich glaube: Wer das verstanden hat, bei wem das durch's Ohr ins Herz vorgedrungen ist, der vermag vieles. Der vermag z. B. auch, wie seinerzeit Luther, zumindest im Kleinen, seine Ängste an ihren richtigen Ort zu verweisen – und der ist nicht in der ersten Reihe.

Genau damit aber haben seinerzeit ja die Ablasshändler gute Geschäfte gemacht. Und heute sind es die, die ihre Stelle eingenommen haben. Die laut schreien: »Kauft mich!« Oder: »Wählt mich« – und ihr habt euren Seelenfrieden und seid erlöst von den Qualen der von euch selbst aufgerichteten Hölle, an die ihr so gerne glaubt. Nein, es war kein Zufall, dass Luther sich vor seiner theoretischen Auseinandersetzung mit dem Freiheitsbegriff damit beschäftigt hat, den Ablass und seine Händler zu entlarven. Nämlich als diejenigen, die sich im wahrsten Sinne des Wortes von unseren Ängsten nähren und sie schüren und deswegen gar kein Interesse daran haben können, dass sie verschwinden. Die gibt es ja bis heute. Wer aber frei ist, wird die inhaltliche Auseinandersetzung nicht scheuen, wird alles, was sich ihm als attraktiv verspricht, prüfen und mag sich auch mit dem auseinandersetzen, was ihm erst einmal fremd ankommt. Kann es anschauen wie Jesus im Matthäusevangelium sagt: »Fürchtet euch nicht vor denen, die die Seele nicht töten können.« Haben wir dazu genug gesagt von den Dächern unserer Städte und Dörfer? Haben wir als Christen, als evangelische Kirche da genug den Fokus drauf gelegt in diesem Jahr? Haben genug aufgefordert zur Diskussion und Information?

Da aber sind wir bei dem Impuls der Reformation, der uns am Ende die Freiheit erhalten wird – nämlich bei der Bildung des Menschen, jedes Menschen. Die Reformation war von Anfang an auch eine Bildungsbewegung. Und zwar eine, der es um mehr ging als um Schreiben, Lesen, Rechnen als Selbstzweck. Vielmehr ist dies alles die Voraussetzung dafür, sprachfähig zu werden in Bezug auf Fragen wie: In welchem Geist will ich leben? Wem will ich folgen und wem nicht? Wo finde ich Orientierung? Wer sich da eine Position erarbeiten will, mag sich in der globalisierten und individualisierten Welt von heute noch schwerer tun als vor 500 Jahren. Gerade von daher ist eine Fähigkeit dringend gefragt: Entscheidungsfähigkeit. Und zu seiner Entscheidung stehen, sie zu kommunizieren und mit anderen darüber in den Diskurs zu gehen, nicht zuletzt, um dabei zu Kompromissen zu kommen.

Ja, es ist auch unsere evangelische Frage, was Schulen leisten sollten und können und wie wir Kinder befähigen,

Werte für sich abzuwägen, auf deren Basis sie ihr Leben führen. Dass wir ihnen dabei christliche Werte zum Nachdenken und Ausprobieren anbieten, liegt auf der Hand. Wir sind sehr froh, dass wir in diesem Jubiläumsjahr den Neubau der Grundschule forum thomanum einweihen konnten, wo Kinder auf der Basis eines musischen, sprachlichen und religiösen Profils lernen und vor allem leben. Machen wir uns da stark genug, als Christen, als Kirche, in diesen wirklich wichtigen Fragen für das, wie unsere Welt in den nächsten 30 bis 40 Jahren aussehen soll? Und müssten wir es daher nicht auch viel lauter von den Dächern schreien, wie viele Schulabgänger ohne Abschluss sich ein Land wie unseres leistet?

Denn: Was können freie und gebildete Menschen? Verantwortung übernehmen für sich und für andere. Luthers Credo war: »Gute Werke machen nicht den befreiten Menschen, sondern der befreite Mensch macht gute Werke ...« Es ging den Reformatoren nicht nur um die richtige Reihenfolge von Freiheit und Tat, sondern um das Bewusstsein dafür, dass ich immer für mehr als nur für mich selbst verantwortlich bin. Und was anderes heißt das für heute, dass man sich nach seinen Möglichkeiten einbringt ins öffentliche Leben? Gerade das braucht unser uns heute zum Glück mögliches und errungenes demokratisches Zusammenleben. Dass wir es mitgestalten. Und dass unser Wille dazu so selbstverständlich wird, wie es für Luther die guten Taten aus dem Glauben heraus waren. Er war wie seine Mitstreiter natürlich weit weg von dem, was wir heute unter Demokratie verstehen – aber dieser Gedanke, dass Christenmenschen sich nicht scheuen, sich von sich selbst weg zum anderen hinzubewegen – das kann man als bis heute tragfähigen Impuls der Reformation verstehen.

Abschließend kann man sagen: Genau diese Bewegung finden wir auch in der Aussendungsrede Jesu an seine Jünger wieder. Geht auf sie zu, auf die Menschen. Und redet über die Themen, über die zu reden ist. Und zwar immer wieder über das Grundlegende des Glaubens wie Freiheit, Bildung, Verantwortung und anderes, streitet drum, tut es immer wieder auch durch Schmerz und Langeweile hindurch, ringt um Sprache – aber tut es. Haben wir es getan, genug in diesem Jahr?

Nun: Im reformatorischen Menschenbild, wenn man das mal so nennen will, geht es darum, Menschen als reif anzusehen, Entscheidungen treffen zu können, ohne große Angst vor Fehlern haben zu müssen. Denn positiv geht es in der Aufforderung zur Umkehr ja darum, unser Selbstbewusstsein stärken zu lassen: Ein neuer Anfang ist immer möglich, auch wenn es schiefgeht. »Denn es ist nichts verborgen, was nicht offenbar wird, und nichts geheim, was man nicht wissen wird«, sagt Jesus. Gottseidank. Es ist Gottes Gnade, dass und wenn es gelingt. Und wir sind nicht dazu verurteilt, an unserem Gut-Sein-Wollen, Gut-Sein-Müssen immer wieder zu scheitern, an diesem elenden Kreisen um uns selbst, das uns letztlich nur zu einem bringt: zu hilflosen, atemlosen Entschuldigungen und Selbst-Rechtfertigen unserer hochfliegenden und bisweilen größenwahnsinnigen Pläne. Und darum müssen wir es auch nicht ängstlich verteidigen, sondern können tun, was wir als evangelische Kirche selbst an den

Anfang gestellt haben, als wir das Jubiläum der Reformation in Zusammenhang mit den Thesen Luthers zum Ablasshandel gerückt haben: Dies alles offen und freimütig zu bekennen, also »Buße zu tun« als Voraussetzung für alles Weitere und dann neu anfangen und weitermachen im Jahr 2018. Glaube heißt: »Immer wieder mit dem Anfang anfangen«, so hat es der wohl größte *reformierte* Theologe des 20. Jahrhunderts auf den Begriff gebracht, Karl Barth. »Immer wieder mit dem Anfang anfangen.« Das ist ein gutes Diktum auch für Lutherische, gerade am 31. Oktober 2017.

Anmerkung der Verfasserin:
Dies war die längste Predigt, die ich je gehalten habe.

Wir müssen uns auch düngen lassen ...

Predigt über Lukas 13,1–9, Buß- und Bettag,
18. November 2015

Es kamen aber zu der Zeit einige, die berichteten ihm von den Galiläern, deren Blut Pilatus mit ihren Opfern vermischt hatte. Und Jesus antwortete und sprach zu ihnen: Meint ihr, dass diese Galiläer mehr gesündigt haben als alle andern Galiläer, weil sie das erlitten haben? Ich sage euch: Nein; sondern wenn ihr nicht Buße tut, werdet ihr alle auch so umkommen. Oder meint ihr, dass die achtzehn, auf die der Turm in Siloah fiel und erschlug sie, schuldiger gewesen sind als alle andern Menschen, die in Jerusalem wohnen? Ich sage euch: Nein; sondern wenn ihr nicht Buße tut, werdet ihr alle auch so umkommen.

Er sagte ihnen aber dies Gleichnis: Es hatte einer einen Feigenbaum, der war gepflanzt in seinem Weinberg, und er kam und suchte Frucht darauf und fand keine. Da sprach er zu dem Weingärtner: Siehe, ich bin nun drei Jahre lang gekommen und habe Frucht gesucht an diesem Feigenbaum und finde keine. So hau ihn ab! Was nimmt er dem Boden die Kraft? Er aber antwortete und sprach zu ihm: Herr, lass ihn noch dies Jahr, bis ich um ihn grabe und ihn dünge; vielleicht bringt er doch noch Frucht; wenn aber nicht, so hau ihn ab.

Liebe Gemeinde,
es sind zwei Schreckensnachrichten, mit denen unser Predigttext beginnt. Und sie können einem das Blut in den Adern gefrieren lassen angesichts der Anschläge von Paris: Da erzählen einige Leute Jesus von einem Blutbad, das der römische Statthalter Pilatus in Jerusalem an einigen Galiläern verübt hat, als diese im Tempel opferten. Ihr Blut wurde mit dem ihrer Opfertiere vermischt. Und: 18 Menschen werden von einem umstürzenden Turm in Siloah erschlagen. Und wie immer in solchen Momenten, wo furchtbare Dinge passieren, schwingt im Entsetzen und der Fassungslosigkeit oft schon die Andeutung einer Erklärung mit. Was sonst ließe Jesus sofort mit deutlichen Worten reagieren: Denkt nicht mal dran, einen Zusammenhang herzustellen, wo es keinen gibt. Dass unschuldige Menschen das Unglück möglicherweise irgendwie selbst herbeigeführt hätten. Denkt gar nicht erst dran. Nein, sie waren nicht schuldiger oder sündiger, diese Menschen aus Galiläa und aus Siloah – und man mag ergänzen: aus Paris. Jesus entlarvt jedwede auch nur angedeutete Spekulation über Schuld und Vergeltung als sinnlos – insbesondere dann, wenn andere betroffen sind. Aber dann wendet Jesus diese Frage im Grunde um – und da kann es einem erst recht in die Glieder fahren: Fragt euch nicht, warum es diese getroffen hat, sondern fragt euch vielmehr, warum es euch nicht getroffen hat! Es fröstelt einen: Ist das nicht genau das, was diese Attentäter bewirken wollten? Angst und Schrecken säen, dass es jederzeit passieren kann, dass es auch hier und jetzt losgehen kann in der Thomaskirche? Als am Sonnabend gut

2000 Menschen hier bei der Motette zusammen waren, da musste ich sehr an mich halten, dass dieser Gedanke sich bei mir nicht festgesetzt hat. Denn das gehört ja gerade mit zu dem, was diese Attentäter bezwecken, dass uns die Angst regiert. Und dass dieses furchtbare Geschehen an dem grundsätzlichen Vertrauen nagt, das wir haben müssen, wenn wir leben wollen: dass der andere es nicht auf mein Leben abgesehen hat und dass im Rucksack oder der Handtasche meiner Nachbarin eben keine Bombe steckt oder jemand hier anfängt, um sich zu schießen. Der Gedanke, auch so umkommen zu können wie diese Galiläer, diese Menschen aus Siloah und aus Paris, der kann alles töten zwischen uns. Alles, was uns wichtig und heilig ist an Vertrauen und Freiheit, mit- und untereinander umzugehen. Das – und genau das aber, wollen diese Terroristen. Deshalb gibt keine andere Möglichkeit, als sich diese Gedanken selbst zu verbieten.

Die Schärfe in Jesu Worten aber bleibt bestehen. Wie ist es zu verstehen, dass er sagt: Wenn ihr nicht Buße tut, dann werdet ihr alle auch so umkommen.

Das geht uns schon kräftig gegen den Strich: Jesus deutet diese Horrorszenarien als Zeichen des für alle Menschen bevorstehenden Gerichts. Ohne Umkehr, ohne Buße werden wir genau dort landen – dann werden wir genau so elend und furchtbar sterben. Deutlicher kann es eigentlich nicht mehr werden. Aber manchmal ist er ja auch hilfreich und nur gut, dieser Schuss vor den Bug: Wenn einem plötzlich klar wird, auf welchem Weg man da gerade unterwegs ist, dass das nur im Verderben enden kann. Jeder überspannte Bogen bricht irgendwann, wenn man nicht für Entspannung sorgt: Wer jahrelang die stechenden Schmerzen in der Brust und die Kurzatmigkeit ignoriert, wird sich nicht wundern dürfen über den Herzinfarkt. Und wer wird keine Zusammenhänge erkennen wollen zwischen den vor über 15 Jahren in Afghanistan und dann später auch im Irak begonnenen und die ganze Region destabilisierenden Kriegen und einem noch länger auch mit europäischen Rüstungsgütern aufgepumpten Nahen Osten und den hunderttausenden aus dem daraus resultierenden Chaos, Elend und Terror flüchtenden Menschen? Was da jetzt geschieht mit einer Art Völkerwanderung gen Europa – ganz unabsehbar war das nicht – aber so richtig wahrhaben wollen wir das immer noch nicht. Das mehr oder weniger unbeschwerte Leben in Europa – diese Epoche neigt sich möglicherweise dem Ende entgegen und wir stehen vor wirklich richtig großen Herausforderungen in den nächsten Jahren. Europa wird sich als standfeste politische Größe und vor allem auch Wertegemeinschaft erweisen müssen. Genauso wie unser Wollen und unsere Anstrengungen um die Integration derjenigen, die hier dauerhaft leben werden.

Nun aber ist das Darlegen der Zusammenhänge allein in der Regel etwas, was Menschen nur schwer zur Umkehr bringt, selbst wenn sie es eigentlich besser wissen müssten. Oder dazu, dass sie über ihre Art zu leben wirklich so nachdenken, dass echte Veränderung bzw. Umkehr wirklich möglich ist. Daher das folgende Gleichnis vom Feigenbaum, das ja in seinem ernstzunehmenden Endresultat nichts verändert – aber uns zugleich dazu verlocken kann, an uns arbeiten zu lassen. Ja, arbeiten zu lassen, darum geht es. Denn da ist ein Weingärtner, der einem schlicht keine Früchte tragenden Feigenbaum ein Gnadenjahr einräumt. Ein Jahr, in dem er ihn hegen und pflegen will, ihn umgraben und düngen. Alles Gute, was man sich für einen Baum vorstellen kann. Dass der Weingärtner dazu bereit ist, das aus voller Kraft zu tun, obwohl es sich dieser faule Baum jahrelang hat gutgehen lassen auf Kosten anderer und immer nur genommen hat, ist nach dieser Geschichte der Ausgangspunkt für jede Umkehr. Wie der Baum haben wir uns nicht selbst gepflanzt und uns nicht selbst den Boden bereitet. Der Boden, auf dem wir wachsen, ist uns mehr oder weniger vorgegeben. Unsere Natur, unsere Psyche und unser Geist, Landschaft, Geschichte, Kultur, in der wir aufwachsen, sie sind uns mehr oder weniger vorgegeben. Aber ohne den belebenden Geist Jesu Christi, des Weingärtners, vertrocknet der Baum und bekommt keine neue Nahrung, keine neuen Impulse, wenn man so will. Es ist nur die Frage, ob der Baum das annimmt. Ob er es doch noch mit seinen Wurzeln aufnimmt und endlich die Früchte zeigt, die er ohne Weiteres hervorbringen kann – wie der grundsätzlich ja sehr fruchtbare Feigenbaum: dreimal im Jahr kann man ihn ernten, so oft wie keinen anderen Baum. Damit werden wir in diesem Gleichnis verglichen, mit einem solchen Baum, der diese Möglichkeiten in sich trägt und bei guter Pflege seiner Aufgabe im Weinberg des Herrn nachkommen kann: den jungen Weinranken Stütze sein, dass sie sich an ihm emporranken können, für Ausgleich der Bodenverhältnisse zu sorgen und eben einfach ganz besondere Früchte zu bringen.

Und ist es nicht das, wo wir als Gesellschaft jetzt tatsächlich ansetzen müssen, nicht erst nach den Anschlägen von Paris, sondern auch in der Lösung bzw. Bearbeitung der Fragen, die bei uns anstehen? Dass wir gucken müssen, worin dieser Dünger denn besteht, den wir jetzt besonders an uns heranlassen sollten, und was denn jetzt, vor allem an unseren Wurzeln, uns besonders gepflegt und beachtet gehört, damit auch Früchte wachsen? Es können doch nur die guten alten Mittel des Gärtners Jesus sein, dass Versöhnung stärker ist als jeder Hass, dass allein die Liebe des Feinds dazu führen kann, nicht eine Welle der Gewalt und der gegenseitigen Vernichtung auszulösen. Das sind ja keine Mittelchen für Schönwetter, sondern Werte, die sich in der Anfechtung beweisen müssen.

Sind wir bereit, sie selbst zu verletzen? Diese Frage ist zu stellen, wo viele sich jetzt schon wieder zu einer bestimmten Form von Kriegsrhetorik hinreißen lassen, von Jagd und Vergeltung sprechen oder sagen: Wir sind jetzt im Krieg? Soll damit gesagt werden, da sei um der guten Sache willen alles erlaubt? Warum setzen da so viele scheinbar nur auf Rezepte, die erstens unseren eigenen Werten widersprechen und zweitens schon in der Vergangenheit nicht funktioniert haben? Vorsicht ist geboten, dass wir uns nicht hinreißen lassen, genauso zu reagieren, wie die Terroristen in Paris es wollten: dass wir unsere errungene und gewonnene Freiheit nun selbst einschränken und unsere eigenen Werte selbst verletzen und nicht zuletzt das, was wir an zivilisatorischen Errungenschaften nur dankbar leben und weiterentwickeln können. Oder wenn wir jetzt das tun, was offenbar auch eine der Absichten dieser Verbrechen war: dass wir die Muslime diskreditieren, die friedlich unter uns leben, dass sie stigmatisiert werden als tendenziell zur Gewalt und Menschen- bzw. Frauenverachtung neigend. Wenn wir so handeln, haben sie erreicht, was sie wollen – sie haben uns ihr Denken aufgezwungen. Wir brauchen vielmehr im Moment eine gärtnerische Wurzelbehandlung mit den Dingen, die uns denken, leben und handeln lassen als freie und dem Leben zugewandte Menschen! Wie wunderbar ist es da nach all dem Grauen zu sehen, dass die Pariser bereits jetzt zu ihrer ureigensten Lebensfreude zurückfinden und wieder Leben auf den Straßen ist mit dem Bewusstsein: Resistons – wir widerstehen!

Als Kirchgemeinde St. Thomas wollen wir den heutigen Buß- und Bettag nutzen, diese Kräfte zu stärken und dazu einige derjenigen kennenlernen, die mit uns in dieser Stadt leben, glauben und wirken. Denn wo wir uns kennenlernen und voneinander hören, da ist in der Regel ein Weg zu einem friedlichen Miteinander möglich. So freuen wir uns über den Besuch einiger Mitglieder der Takva-Moschee-Gemeinde, mit denen wir im Anschluss an den Gottesdienst zusammen essen und uns austauschen wollen über das, was für unsere Gemeinden und unseren Glauben wichtig ist und wie wir jeweils an unserem Ort den in unserer Stadt und in unserer Gesellschaft anstehenden Herausforderungen begegnen.

Das ist das eine – Begegnung. Aber ich möchte abschließend noch mal zurückkommen auf die Frage, womit wir unsere Feigenbaumwurzeln denn ganz konkret pflegen lassen können. Und was wir aus dieser Pflege heraus aktiv zu gestalten wissen. Mir ist da etwas Wunderbares zuteil geworden vor ein paar Wochen: Eine Sammlung von verschiedenen Bibelversen, einst handgeschrieben in Sütterlinschrift auf kleinen Papierstreifen zum Mitnehmen in der Brieftasche – der vor 70 Jahren hingerichtete Oberbürgermeister der Stadt Leipzig Carl Friedrich Goerdeler trug sie immer bei sich. Worte für jeden Tag, für besondere Momente, auch für schwierige – er trug sie am Herzen, also nahe der Lebensmitte. Biblische Worte, die nähren, stärken, auch einen Baum von Mann. Sein Enkel Berthold Goerdeler, der heute hier ist, hat mir eine Abschrift davon zukommen lassen, wofür ich ihm sehr dankbar bin. Das erste Wort in dieser Sammlung ist ein Vers aus dem Matthäusevangelium: »Kehrt um, das Himmelreich ist nahe herbeigekommen.« (Matthäus 3,2) Das erste Wort von vielen. Und was heißt das anderes, wenn das das erste Wort ist, als ein Vorzeichen für das Leben, als eine Einstellung zum Leben. »Kehrt um« – da war doch was. Auf jedenfalls eines der Grundthemen in der Verkündigung Jesu und dann ja auch später bei Luther, dass das ganze Leben der Gläubigen eine Buße sein soll, eine Umkehr – und das ist mehr als nur das eine oder andere zu verbessern oder zu verändern. Da geht's um eine echte Kehrtwendung hin zu dem, was Leben verspricht und weg von dem, was uns den elenden Tod bringt, den jemand stirbt, der umgebracht, von einem Turm erschlagen oder wie ein toter Baum abgehauen wird.

Was wir jetzt, angesichts der Tragödie von Paris und der anstehenden großen Herausforderungen angesichts der Veränderungen unserer Gesellschaft brauchen, mag dies sein: ein Kanon für alle, schon von Kindes- und Jugendbeinen an, ein Kanon, der unsere Erziehung und Bildung durchzieht, eine Sammlung tiefer und weiser biblischer Einsichten über den Menschen, so wie sie etwa Carl Friedrich Goerdeler täglich mit sich geführt und darin gelesen hat und die uns ein Minimum an Wissen über das vermittelt, was nach Gottes Willen an uns Früchte tragen soll: Früchte des Glaubens, der Liebe und der Hoffnung. Dreimal kann man den Feigenbaum im Jahr ernten – und was liegt näher, als jede dieser drei Ernten mit einer dieser Früchte von Glauben, Liebe und Hoffnung gleichzusetzen? Es ist genau das, was der Herr des Weinbergs von uns erwartet – und auch erwarten darf, wie immer diese Früchte ausgeprägt, wie groß sie sind oder wie süß sie schmecken. Entscheidend ist, wir bringen sie hervor durch die liebevolle Zuwendung und das Eintreten des Gärtners, der mit uns so unglaublich viel Geduld hat und der eben nicht will, dass wir abgehauen werden wie nutzlose Zweige, die den anderen das Wasser abgraben und dem Boden die Kraft nehmen. Das ist das Tröstliche an dieser Geschichte: Diese Hoffnung setzt der Weingärtner in uns. Mögen wir sie nicht enttäuschen – und leben.

Zur Autorin

Britta Taddiken, Jahrgang 1970, studierte von 1990 bis 1996 Evangelische Theologie in Hamburg. Nach dem Ersten Theologischen Examen arbeitete sie zwei Jahre als Assistentin des Hauptpastors an der Hamburger Hauptkirche St. Katharinen. Nach dem Vikariat trat sie 2001 ihre erste Pfarrstelle in Leck/Schleswig-Holstein an und von 2002 bis 2010 war sie Pfarrerin am Dom zu Meldorf in der Nordelbischen Kirche.

Seit dem 1. Januar 2011 war sie Pfarrerin an der Thomaskirche zu Leipzig, seit dem 1. Februar 2014 bis zu ihrem Ausscheiden aus dem Amt im Januar 2024 hatte sie dort die 1. Pfarrstelle inne. In dieser Zeit war sie u. a. Vorsitzende des forum thomanum Leipzig e.V., Mitglied im Vorstand des Vereins Thomaskirche Bach e.V. und Direktoriumsmitglied der Neuen Bachgesellschaft Leipzig e.V.

Volker Jung

Kirche in stürmischen Zeiten

Berichte zur Lage in Kirche und Gesellschaft (2009–2024)

316 Seiten | Paperback
15,5 x 23 cm
ISBN 978-3-374-07815-8
EUR 38,00 [D]

eISBN (PDF) 978-3-374-07816-5
EUR 37,99 [D]

Einmal im Jahr gibt der Kirchenpräsident vor der Synode einen »Bericht zur Lage in Kirche und Gesellschaft«. Das sieht die Kirchenordnung der EKHN so vor. Der Bericht zeigt auf, wie die Kirche durch das Zeitgeschehen herausgefordert ist und wie sie sich konkret dazu verhält. Darin ist er zugleich eine theologisch begründete Zeitansage.
Volker Jung war sechzehn Jahre lang Kirchenpräsident der EKHN und seit 2015 auch Mitglied im Rat der EKD. Weltweite Finanzkrise, sexualisierte Gewalt, Klimawandel, Friedensethik, Ökumene, interreligiöses Gespräch, Migration und Flüchtlingsaufnahme, Digitalisierung, Corona, Reformationsjubiläum, Mitgliederentwicklung und viele andere Themen werden in den Berichten aufgegriffen. Sie sind Dokumente einer kirchlich und politisch sehr bewegten Zeit.
Der Band enthält ein Geleitwort von Präses Dr. Birgit Pfeiffer und Präses i. R. Dr. Ulrich Oelschläger.

EVANGELISCHE VERLAGSANSTALT
Leipzig   www.eva-leipzig.de

Tel +49 (0) 341/ 7 11 41 -44   shop@eva-leipzig.de

Christian Schad
Einlass gewähren in den Raum reiner Bejahung
Ausgewählte Predigten

Herausgegeben von
Traudel Himmighöfer

344 Seiten | Paperback
12 x 19 cm
ISBN 978-3-374-07598-0
EUR 25,00 [D]

eISBN (PDF) 978-3-374-07691-8
EUR 24,99 [D]

Der reformatorische Grundsatz nicht durch Gewalt, *sondern durch das gewinnende, überzeugende Wort – sine vi, sed verbo* – bestimmt Christian Schad in seinem Leben und hat ihn, der von 2008 bis 2021 Kirchenpräsident der Evangelischen Kirche der Pfalz war, auch in seinem kirchenleitenden Handeln zutiefst geprägt.
Im Vertrauen auf die Kraft des Evangeliums lädt er in 43 ausgewählten Predigten dazu ein, mitsamt den eigenen Erfahrungen in die biblischen Texte einzukehren, um von da aus sich und die Welt im Ganzen in einem neuen Licht, im Licht der reinen Bejahung Gottes zu sehen, die in Jesus Christus Ereignis geworden ist.
Jede einzelne Predigt nimmt mit hinein in den weiten Raum des Trostes und der Hoffnung, spielt uns Gottes Reich förmlich zu und lässt so eine neue Zeit anbrechen mitten im Hier und Jetzt.

EVANGELISCHE VERLAGSANSTALT
Leipzig www.eva-leipzig.de

Tel +49 (0) 341/ 7 11 41 -44   shop@eva-leipzig.de

Alexander Maßmann

Evangelisch kontrovers

Aktuelle Streitfragen
aus ethischer Sicht

216 Seiten | Paperback
15,5 x 23 cm
ISBN 978-3-374-07720-5
EUR 19,00 [D]

eISBN (PDF) 978-3-374-07721-2
EUR 18,99 [D]

Wie wollen wir leben? Von vegetarischer Ernährung und Genderfragen über Abtreibungsrecht und Sterbehilfe bis hin zu Rechtsextremismus und militärischer Gewalt – in den großen praktischen Debatten unserer Gesellschaft steckt große Brisanz. In 22 kurzen, allgemeinverständlichen Texten bezieht der Theologe Alexander Maßmann Stellung zu aktuellen Themen, aus theologischer und ethischer Perspektive. Ohne abstrakte Theoriedebatten regt das Buch zur eigenen Meinungsbildung an: Wie ermöglicht der christliche, evangelische Glaube eine sachliche Auseinandersetzung über kontroverse Themen?

EVANGELISCHE VERLAGSANSTALT
Leipzig www.eva-leipzig.de

Kay Weißflog
Ester
Eine jüdische Königin
rettet ihr Volk

Biblische Gestalten (BG) | 34

204 Seiten | Paperback
12 x 19 cm
ISBN 978-3-374-07517-1
EUR 25,00 [D]
eISBN (PDF) 978-3-374-07518-8
EUR 24,99 [D]

Es klingt wie ein Märchen aus Tausendundeine Nacht: Die Jüdin Ester wird die Frau des persischen Königs. Aufgewachsen ohne Eltern als Adoptivtochter ihres Cousins Mordechai gelangt sie am Hof zu Beliebtheit und Ansehen. Doch ihr Volk ist in großer Gefahr: Haman, der Vizekönig, will alle Juden im persischen Reich vernichten. Ester und Mordechai gelingt es, diese Pläne zu vereiteln. Die Feinde des jüdischen Volkes scheitern. Zur Erinnerung daran wird das Purimfest gestiftet, das im Judentum eine bedeutende Rolle spielt.
Das Buch Ester ist über zweitausend Jahre alt. Umso frappierender sind die Parallelen zu Ereignissen der jüngeren Vergangenheit. Der nationalsozialistische Antisemitismus und Judenhass hat Millionen jüdischer Frauen, Männer und Kinder das Leben gekostet. Aktualität besitzt das Buch Ester noch immer. Es handelt von Feindschaft und Gewalt gegenüber dem jüdischen Volk – und von der Gewissheit, dass ihm Rettung und Hilfe widerfahren wird.

EVANGELISCHE VERLAGSANSTALT
Leipzig www.eva-leipzig.de

Tel +49 (0) 341/ 7 11 41 -44   shop@eva-leipzig.de